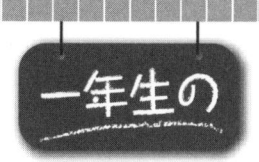

一年生の
算数って楽しいよ
── 基礎基本から発展へ ──

椎名美穂子／著

一莖書房

まえがき

　1年生の学習指導は難しいとよく言われます。知的好奇心がむき出しになっている子どもたちの気持ちを維持しながらも、学び合う姿勢を芽生えさせていくことは、容易なことではありません。

　私は、自分がどんな手立てをすると、子どもたちが喜んで学ぶことができるか、ということをいつもを考えてきました。手応えのある授業ができた時は、必ずと言ってよいほど、「おやっ」「これはなんとかできそうだ」「なぜかな」といった子どもの心が動く時でした。

　本書はもちろん基本を積み上げた上で、その力が活用できる授業を中心に紹介しました。自分の力が活用できた時、「算数って、楽しい!!」と、子どもたちの輝く表情を見ることができました。

　そして、自分の授業を見直して確かめるためにも、新指導要領を念頭におきながら、授業についてまとめてみました。

　私が教える以上に、私を学ばせてくれた1年C組の子どもたちに出会えたことをとても嬉しく思っています。

　また、本書のあとがきを書いてくださった川嶋環先生に深く感謝いたします。

目　　次

まえがき　1

第1章　体験活動による意欲の向上 …………………………… 5
いくつといくつ
　　～ゲームを取り入れた活動～

第2章　表現力の向上 …………………………… 15
10までのたしざん
　　～合併と増加を理解するために～

第3章　算数的活動への入り口・学習への愛着 ………… 27
10までのひきざん
　　～ひきざんのひみつをみつけよう～

第4章　成功と失敗のくり返しによる学び方の獲得 ……… 73
たしざん・ひきざんの間違いへの対応
　　～言葉や数・図・式の意味と
　　　そのつながりを理解するために～

第5章　思考を高めるための順序 ………………………… 89
くり上がりのたしざん・くり下がりのひきざん
　　～既習内容を発展させるために～

少し長いあとがき …………………………… 川嶋　環　97

第1章
体験活動による意欲の向上

みんなが同じ土俵で何かを体験することは、お互いを刺激し合い、学習を拡大していくことにつながります。一人ひとり違う体験の結果を持ち寄って、さらに学び合いの場を持つことで、知識を発見する力を獲得し、学びへの姿勢を高めていくことができるのです。

いくつといくつ
～ゲームを取り入れた活動～

　1年生の子どもたちはゲームが大好きです。ゲームを算数に取り入れることによって、算数の入り口にスムーズに立てることがあります。「いくつといくつ」では、入学まもない1年生が、ゲーム活動をとおして、次第に算数の世界に入っていけるように試みてみました。
　数概念の内面化をはかるために、手や道具を使った外的な（具体的、半具体的）活動を基にして、数を見ただけで、合成・分解の処理ができるような内的な（抽象的）活動へと発展できるように、導いてあげられたらと思っています。また、対象物や他者とかかわりながら多様な解決方法を獲得していく時、その知の共有が、学び取る量を驚くほど多くし、質の高い能力を形成していくことができる授業ができたらと考えています。

　「いくつといくつ」の中で、10の構成についての授業を取り上げてみます。算数セット等に入っているおはじき入れゲームでもできますが、もっと簡単に楽しめるじゃんけんゲームで授業をしてみました。ここでは、2時間の授業計画のうちの1時間目を紹介します。

〈授業計画〉

主眼	10の数構成を理解することができる。(2時間)
本時の主な学習活動	○じゃんけんゲーム（おはじき入れゲーム）のやり方を確かめ、ゲームをする。 ○結果を記入した表を基に、並び方や規則性について発表する場を設ける。 ○10はいくつといくつに分けられるのかを確かめ、学習のふり返りをする。
学習を支える手だて	・ゲームの結果を記録できるように、○が書かれた図の集計表を用意する。 ・おはじきが1個も入らなかったり、10個全部入ったりした場合について、0の意味のついて簡単に確かめる場を設ける。 ・できるだけ速く正確に10の分解を考えることができるように、10の補数に目をつけて考えるとよいことに気付かせる場を設け、次時の学習につなげる。

〈ゲームのやり方〉

　2人1組で行います。入学まもない1年生の子どもであれば、2人組くらいだと、安定して活動できるように思います。じゃんけんでAさんが勝ったら、○が10個書かれてあるカードにAさん方向から赤を塗っていきます。Bさんが勝ったらBさん方向から矢印の方向から黄色を塗っていきます。10回勝負です。色が全部塗られた時に、10回のゲームが終了ということになります。

　　　　　Aさん→○○○○○○○○○○←Bさん
　　　　　　（○が10個書かれてあるカード）

〈黒板の様子〉

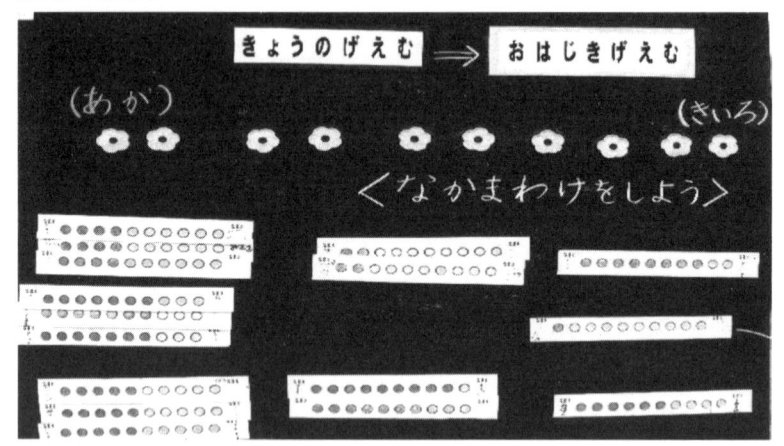

　2人組でしたゲームの結果を集めて黒板に貼っていきます。子どもたちは黒板を眺めながら、たくさんの気付きを口にします。
　まず、「自分たちのと同じのがある！」と元気に発言しました。場合による重なりを見つけたのです。現実に、自分がしたことと同じ場合が、他の友達にもあったという体験が、1年生にとって嬉しい驚きなのです。その新鮮な驚きの気持ちが生まれたところで、同じ塗り方をしているカード同士を集めながら掲示していきます。子どもは「自分と同じ」ということに親近感をもち、ますます興味をもちます。こうすることによって、自分やみんなが体験したことを全体的にみて考える力もついていきます。
　また、並べ替えてまとめることによって、同じものと違うものの整理をし、「落ち」や「重なり」があることにも気付くことができました。今回、出てこなかった場合が「1回も勝てない場合」と「10回連続して勝った場合」の2つでした。教師は全ての場合のカー

ドを前もって用意しておくとよいと思います。そして、「先生が昨日、○先生とした時は……」というように、抜けている場合を教師が自ら付け足していきます。1年生の発達を考慮しながら、子どもに苦労させるところと、苦労させないところを作り、授業にめりはりをつけて進めていきます。

〈子どもの発見①〜⑮〉

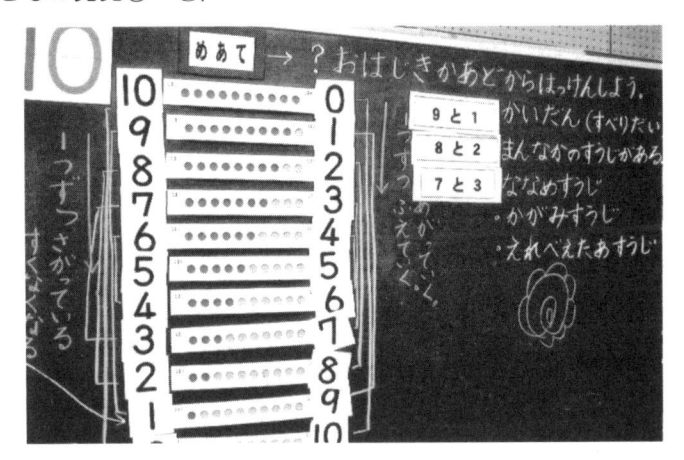

①全部で11種類。
　（友達同士で出し合ったカードの同じ色合い同士をまとめているうちに、できるだけたくさんの種類（場合）を見つけたいと考えるようになっていきました。一個も違うのがあるんだという驚きが意欲を高めていきました）
②赤が1増えると、黄色が1減る。
③黄色が1増えると、赤が1減る。
④赤と黄色がきれいに斜めになっていて、赤と黄色の形が逆さまだ

けど同じになっている。

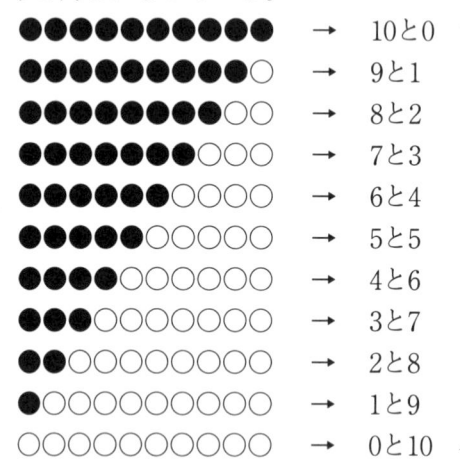

●●●●●●●●●●　→　10と0 ⎫
●●●●●●●●●○　→　9と1　⎪
●●●●●●●●○○　→　8と2　⎪
●●●●●●●○○○　→　7と3　⎪
●●●●●●○○○○　→　6と4　⎬　色がきれいに斜め
●●●●●○○○○○　→　5と5　⎪　になっている。
●●●●○○○○○○　→　4と6　⎪
●●●○○○○○○○　→　3と7　⎪
●●○○○○○○○○　→　2と8　⎪
●○○○○○○○○○　→　1と9　⎪
○○○○○○○○○○　→　0と10 ⎭

⑤階段みたいになっている。
⑥すべり台みたいになっている。
⑦ちょうど真ん中になっているのは「5対5」の時だ。

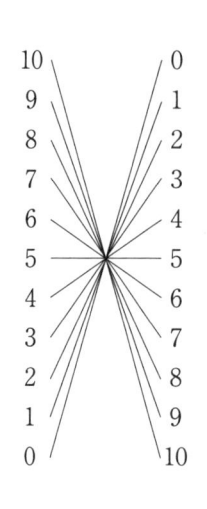

⑧赤色の方は、エレベーターみたいに数字が下の方から上がっている（下の方から増えていっている）。
⑨黄色の方は、数字が上からだんだん1つずつ増えている。
⑩赤色の方は、数字が上から1つずつ下がっている（少なくなっている）。
⑪同じ数字が斜めの下のところにある。
⑫先生が線でつないだら、羽を広げている蝶々に見えてきた。

⑬国語で学習した「鏡言葉」に似ているね。算数では、「鏡数字」という言葉はあるのかな。「鏡数字」って呼んでもいいのかな。

⑭5回げんこ（5回勝負）の時はどうなるのかもやってみたい。（6回・7回・8回・9回の時もどうなるかやってみたい）

⑮赤色と黄色をたすと、いつも10になります。（たしざんをすでに学習している子どもの発見）

　①から⑮の発言が続いている時の子どもの表情は、腑に落ちる表情でした。きっとよく分かって満足したからだと思います。

（教師の見取り）

・①からは、自分たちがしたゲームから実は幾通りあるのだろうかという算数的意味を見い出しているのが分かります。

・②・③のように、ただ増えている・減っているだけではなく、「いくつずつ増えているのか」「いくつずつ減っているのか」というところにも着目できるようになるのは、算数の世界を1歩進むことになると思います。

・⑤・⑥からは、生活体験と算数を重ねて考え、楽しんでいるのが分かります。

・⑦・⑪からは、対称な感覚がいかされています。

・④・⑫からは、算数の美しさを感じているのが分かります。こういう感性はとても大切だと思いました。

・⑧・⑬では、子どもたちが「エレベーター数字」「鏡数字」と自分たちで名付けて喜んでいました。対象物にイメージをもって名前を付けると、対象との結び付きが強くなり、定着

もスムーズにいくことがあります。
・⑫からは、実際に繰り返し活動することで、見通しをもつ力を高めることができました。例えば、「10の時も階段になったから、9の時も階段みたいになるかもしれない」というような見通しです。
・⑭では、「他の場合はどうなんだろうか」という問いを見い出す力が生まれています。

　⑬や⑭は、一つの問いに関連する世界の広がりを見い出しています。それらのことからも、ゲームのみに没頭することなく、算数の核心についてじっくりと考えながら、楽しめる力もつけることができたと思います。
　このように、子どもの思考に余裕ができた時、10の補数に目をつけながら合成・分解ができるように試みるとよいと思いました。また、「10はいくつといくつ」と言えるように、声に出して唱える練習も大切だと思います。声（音）を聞くことで脳に音楽を聴かせるように記憶させることができるからです。子ども同士や教師と子どもで、問題を出し合いっこをすると、どんどん速く答えられるようになり、また楽しく覚えられます。
　この時期の子どもにとって「0」、の取り扱いは、大切です。10の数以外で行ったじゃんけんゲームで、「勝ったのは0回だった」「負けたのは0回だ」というゲームの結果を話す子どもの声を拾い、「勝ったことがなかった」「自分のカードに自分の色がない（色がぬられていない）」「ない」＝「0」ということを実感を伴わせながら確

かめることができました。机の上に3冊の本を出させて、それを机の中にしまわせ、「何もなくなる」=「0になる」というのもいいと思います。「0」への感覚を言葉上だけでなく、体験で身に付けることが必要です。

第2章
表現力の向上

解決にたどり着くまでのコミュニケーションをお互いの表現をとおして楽しみながら、「今日の学習で賢くなった」「今日の学習に納得できた」という姿が、一人でも多くの子どもに見られるように努力したいと思っています。

10までのたしざん
～合併と増加を理解するために～

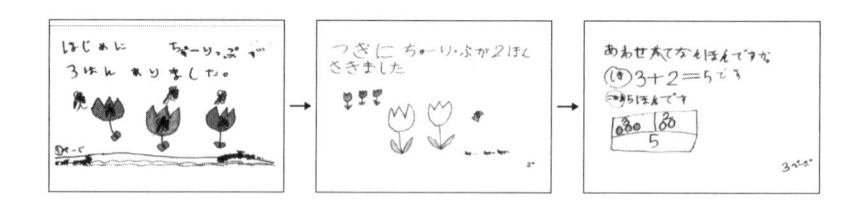

　2人組でも活動ができるようになった頃、3人組で行う学習にチャレンジしてみました。子どもは、お話作りが大好きです。算数という枠の中で、楽しみながら力をつけていくために、言語活動を重要視した試みです。上図は、「10までのたしざん」の単元の終わりに、3人のグループになって作ったたしざんの絵本です。グループによっては3枚を綴じないで、紙芝居にしたものもありました。1枚目を「はじめに」、2枚目を「つぎに」、3枚目を「あわせて」の言葉で始めるなど、習得しておくといいことを教師が押さえながらも、得意な絵（漫画）をいかしたり、生活の中にあるたしざんを発見したりするなどの「自ら学び自ら考える力の育成」も心におきました。

〈単元の1時間目〉
　たしざんは、「合併」と「増加」の2種類の場合があります。どちらも「〇＋△＝□」という形で表現されますが、「増加」のたしざ

第2章　表現力の向上

んには順序が存在し、式の数字の交換が成り立ちません。「合併」は同時にたされるのに対して、「増加」は時間がずれてたされるからです。結果は同じであるけれど、その過程が違っているのです。1年生の子どもは、「合併」と「増加」の意味をどれくらいまで理解できるのでしょうか。

　「合併」と「増加」の内容を別々の時間に分けて取り上げるのではなく、比較できるように同時にAとBの問題を提示してみました。

（A：増加）　　　　　　　　（B：合併）

　2つの問題の違いを絵で納得させた上で、ブロックやおはじきの操作をします。2種類の問題における操作の比較をとおして、たしざんの内容を更に理解できるようにしたいと考えたからです。

　比較・操作に重点を置くために、授業で使う数字は、操作するのに簡単な「2」「1」「3」としました。

　どちらかというと、問題から絵や図を書くという授業が多くみられるのではないでしょうか。問題を解釈する力は深めていくためには、問題から絵や図を書いて考えることと、絵や図から問題を作って考えることの往復が必要だと感じます。

〈授業の実際〉
　2つの絵を提示すると、早速、子どもたちは元気な反応をみせました。
「2つとも金魚の絵だ」
「答えは3匹だ」
「矢印が1個だけど、あっちは矢印が2つある」
「赤い金魚と白がある金魚の2種類がいる」
　子どもたちは次々と手を挙げて発言します。
　大事なのは、どのようなプロセスを経て「3」の答えになったのかということです。

（Aの絵からのお話）
　子どもたちは2つのお話問題を作りました。

---

①さいしょにもともとから2ひきでした。
そして、②あとから1ぴきふえました。
③ごうけいでなんびきでしょう。

---

①'はじめにすいそうにあかいきんぎょが2ひきいました。
②'つぎにあかとしろもようの1ぴきをかっていれました。
③'あわせると③'ぜんぶでなんびきになるでしょう。

---

　①「はじめに・さいしょに」、②「つぎに・あとから」、③「あわせて・ごうけいで・ぜんぶで」などという言葉を黄色のチョークで

囲い、声に出させました。形式的ですが、お話作りでは、①②③の言葉が大切だと話しました。技能として獲得しておいた方がいい言語は、教師が教えてもいいと考えました。

(Bの絵からのお話)

> 2ひきと1ぴきのきんぎょをいれました。
> ごうけいでなんびきでしょう。

> いっしょに2ひきと1ぴきのきんぎょをいれました。
> あわせるとなんびきになりますか。

　このお話作りでは、Aの絵で学習した①②の言葉を使おうとして、「はじめに2ひきと1匹がいます。あとから合計は何匹でしょう」といったような無理が生じる文が出てきました。Bの絵では「はじめからも、あとからも関係なく、同時に2匹と1匹を一緒に入れるんだよ」ということを見つけた子どもがいたので、そこを大きく授業の中で取り上げ、③はAでもBでも使えることも確かめることができました。また、「Aは違う時間だけど、Bは同じ時間だね」という子どものつぶやきもありました。増えるお話には「同じ時間のお話」と「違う時間のお話」の2種類があることを見つけることができたのです。実際にブロックを持って場面を操作してみると、その違いははっきりと認識できました。

(ブロック操作の写真)

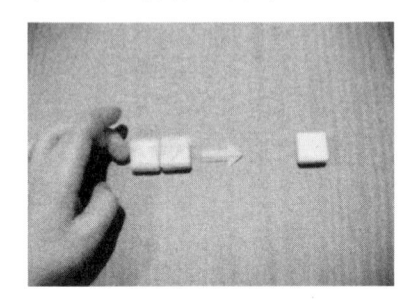

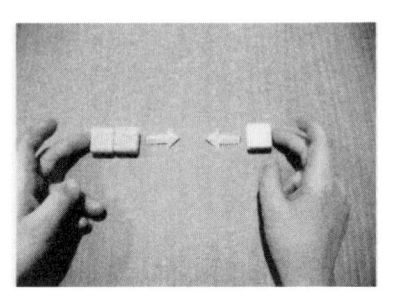

（①：合併）　　　　　　　　（②：増加）

　そして、①の場合は同じ時間で同時だから、どちらの数字が先でもウソにならない→2+1でも1+2でもいいことを確かめました。
　この後、子どもたちが見つけた「同じ時間のお話」と「違う時間のお話」のたしざんのお話作りを、自分たちの生活に重ねて考え、いくつかの質問が生まれました。
　「先生、C組の男の子と女の子を合わせるのは、数を反対にしてたしてもいいんだよね」
　「C組の男の子と女の子をたすのは、同じ時間のこと？」
　「なわとび遊びをしている時に、仲間に入れてと言われて増えるのは、違う時間のお話になるのかな？」
　「休み時間のはないちもんめで遊んだことも、たしざんのお話になれるよね」
　そう微笑む女の子もいます。子どもたちは「こういう時はどっちなのか」と興味津々です。その日の給食時間にも例を出して、復習してみました。

第 2 章　表現力の向上

　給食のメニューにカレー味の揚げ物がありました。一人に3個ずつ配った後で、一人の子どもを前に出し、
　「もう2個サービスするね」
とお皿にたしました。子どもたちは、すぐに、
　「いいなぁ。私もほしいな」
　「時間が違うたしざんのお話だね」
などと口々に言いました。一人の男の子が、
　「2＋3はできないんだよねー！」
と大きな声で言いました。前に座っていた子が、
　「なんで？」
と問うと、
　「だって、お当番さんから最初に2個、配られていなかったでしょ」「絶対に、3＋2のお話だろ」
と言われてしまいました。「なんで？」と聞いた子どもは涙ぐんでしまいました。勢いに任せて言ってしまった子どもたちを見ていた周りの子どもたちが今度は、
　「そんなふうに言うと、意地悪だよ」
と言い始めました。給食の「いただきます」になかなかたどり着けない日でしたが、実際の場面で言語のやりとりを盛んに交わしながら、獲得した学習内容を確かなものにしていました。私が全員に2個ずつ配り始める頃には、声は聞こえなくなり、自分のお皿にある数を数え始めていました。給食当番さんが配ってくれた3個。時間が経ってから後で先生が全員に配った2個。本当に自分に5個あるのかどうかを。自分のお腹に入る食べ物で考えるとアクチュアルで分

かりやすいのです。

　授業で分かったつもりでも、実際の場面になると理解できていない子どもを見つけることがあります。1つの場面理解だけでなく、生活の場面理解、絵による場面理解、言葉による場面理解など、複数の場面提示を行うことが大切であると感じます。

　授業でやったことを「半具体物による体験」→「直接的な体験」→「半具体物による体験」というような実際の場と紙上との学習を繰り返すことで、定着がはかれるのではないかと思います。しかし、低学年の子どもであればなおさら、給食の直接的な体験をしてから授業に入っていた方が段差が少なく、算数を楽しく感じられたと思います。算数の言葉である「＋」「＝」の記号を習うと、「マークみたいだね」と言ってすぐに使い始めました。これを「式」ということも話しました。

　しかし、「式」という言葉は、1年生になかなか定着しませんでした。その後の問題で私が「式も書きましょうね」と言っても「式ってなぁに？」と聞く子どもが必ずいました。次の週になる頃には、全員が分かっていましたが、これはなぜだったのか不思議でした。

〈たしざんの表現〉

　絵から文章表現をする力と一緒に、問題文章から絵や図を表現する力も大切です。

　35人全員で「同じ時間の問題作り」をしました。そして、それを教師がプリントに打ち直して問題を解きました。

　解きながら出てきた考え方は、全部で4種類。子どもたちは取り

組んでいくうちに、その4種類を自分たちが付けた名称で呼びました。

①丸図②式③式に書く丸図④バス図（○だけの図から、数字が入ったものへ）でした。

35人が作った問題の中から、1問を取り上げてみます。

> つりをしました。
> さかなが　4ひきと　5ひきが　いっしょにつれました。
> あわせて　なんびき　つれたでしょう。

問題の「さかな」は、4匹がタイで、5匹がサンマだと子どもがつけたして言いました。「いっしょにつれました」という文があるので、この場合、「4＋5」でも「5＋4」のどちらでもいいということを確かめました。そして、子どもたちがこれまでのたしざんの学習で習得してきたものも含め、「4＋5」の図を置き並べてみることによって、子どもの思考がどのようにつながり、どのように発展していくのか見直してみることにします。

まず初めに、具体物が●や○に置き換えられました。ただの丸図が工夫した並びや記号と組み合わさったものに変化していったり、テープ図に近いものにつながっていったりする子どもの思考が見られました。

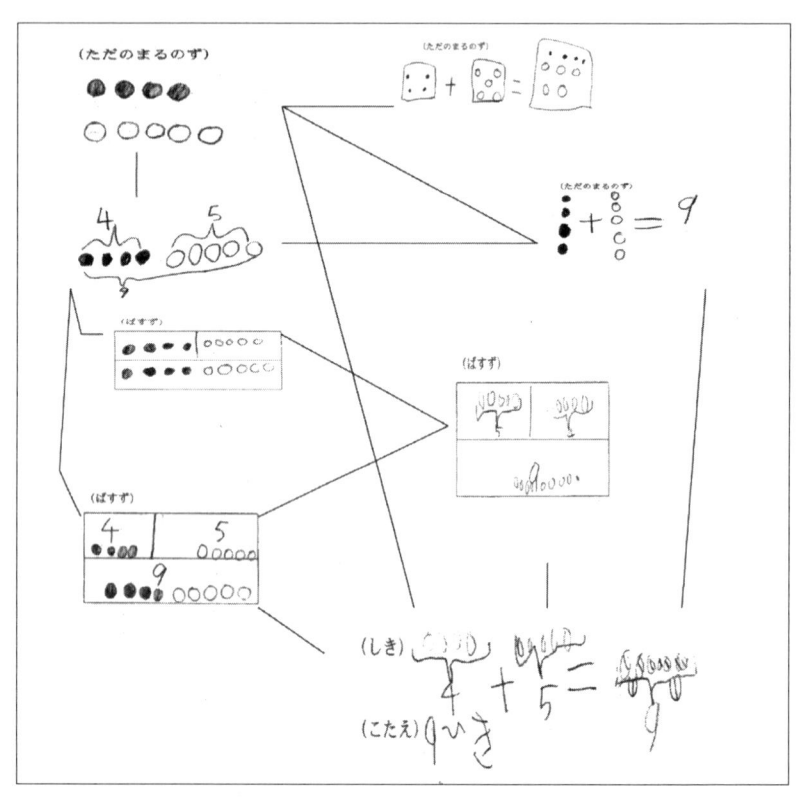

このようにして子どもの思考を俯瞰してみると、基本となる丸図が変化していって、式につながっていくことを確かめることができました。また、送りがなの問題で、「4んこ」「3んこ」という間違いの表記がありました。2年生や3年生にも時々見られます。このことについてもフリガナをふって、読み方と書き方の指導を何人にもしました。

　たしざんには、2種類あること。たしざんの答えは増えること。

第2章　表現力の向上

たしざんにはいろんな表現の仕方があって楽しいこと。それらと自分の体験が重なって理解した時、たしざんに対する自信をもつことができ、たしざんの絵本を友達と作ってみたいという気持ちが湧いてきたのでした。

第3章
算数的活動への入り口・学習への愛着

「やってみたい!」と思わせるような物事には、自分の体験が生かせる内容が見え隠れしています。見方を変えると自分と同じ考えになる面白さ。見方を変えると自分と同じ考えになる面白さ。自分と違う考え方がある面白さ。お互いの考えを比較し合い、重ね合わせることで、学びの愛着を深めていくことができるのではないでしょうか。

10までのひきざん
～ひきざんのひみつをみつけよう～

〈ひきざんへの愛着をもたせる〉
　子どもたちは、楽しくなればなるほど、対象への愛着が強くなります。上学年を受け持っていた時に、友達が見つけた考え方に名前を付けるやり方（「〇さんが考えた〇さん方式」）をよく試みていました。1年生であっても、自分の考えが方式として仲間に使われることや、仲間の考えを自分が使えるようになることは、互いの結び付きを強化させることに十分つながります。それは、自分の方式が使われた子どもが誇らしげな表情をして、友達の方式を使って自信をもって取り組んでいたことからも伺えました。
　1年生にも、自分たちが見つけたこと（やり方）に名前を付ける楽しみを持たせたいと思いました。

〈丸図と箱の図〉
　「タイヤと窓があるバスみたいだ！」と、たしざんの時にも見つけましたが、ひきざんの学習でもバス図を使うと解決できることを見つけることができました。その図に「ひく（ひきざんの）バス図」と名前を

第3章 算数的活動への入り口・学習への愛着

付けました。
　ひきざんのバス図は、たしざんのバス図と大きく違う点があります。ひくバス図とたすバス図の比較をとおして、より計算の意味が明確になりました。このことについては、あとで述べることにします。
　ひきざんの計算を速く正確にするために、引かれる数字を引く数字に合わせて分解して考えるというやり方も発見しました。教師が子どもが発言する数字を分けて板書したら、「先生がかいたのは、数字のさくらんぼみたいだね」と発言する子どもの言葉で、「さくらんぼ方式」と名付けられました。(A図)
　「ちがい」の問題を考える時には、丸図で手をつながせて考えるといいという「Kさん方式」と見つけた子どもの名前がついたものが生まれました。B図のように線で結ばれている図です。子どもたちは方式を見つけてくれた仲間に感謝して、「面白いやり方だ」「Kさん方式をやってみたい」と意欲的に用いていました。
　求残の時は、C図のように引く数を斜めの線で消すと分かり易い「Tさん方式」や、×を書いてはっきり消すやり方の「Sさん方式」

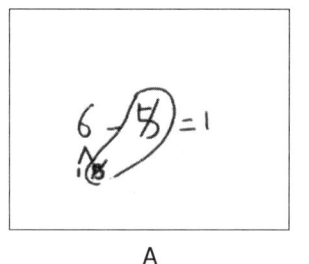

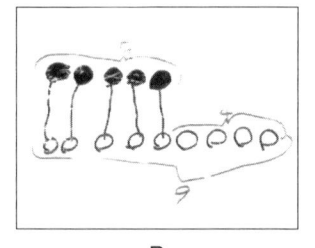

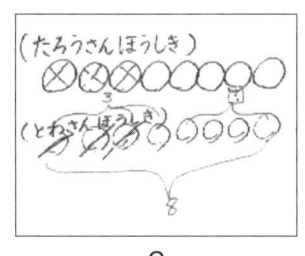

― 29 ―

がとても人気でした。大人からすれば、×で消すのも斜め線で消すのも同じことのように感じますが、子どもには違って感じられるようでした。「斜め線は早く消せるし、×の線は間違いなく消せる。違うけど同じ答えになるし、同じことだけど違うやり方だ」と2人の方式を代わり番こに用いて楽しんでいる子どももいました。

　また、「ちがい」の問題には、①「どちらがいくつ多いでしょう」、②「どちらがいくつ少ないでしょう」の他に③「同じにするにはいくつでしょう」という問題があることを見つけることができました。③を言葉で提示するよりも、「Hさんが見つけた問題（③）」と言った方がすぐに何のことかが分かりました。

　自分たちが発見したことに名前が付くだけで、子どもたちが意欲的に用い始めたのには驚きました。1年生にとって、仲間が発見した方式に名前が付けられるということは、自信を持たせることになるのです。そして、自分達の学びに対する愛着が深まっていくのです。こういうやり方は、対象に主体的にかかわっていく大きな手立てになることを改めて感じます。

〈思考段階を考慮した単元構成〉
　「ひきざん」は「たしざん」より、難しいと感じる子どもが多くいます。実際、「たしざん」をようやく習得した子どもが、「ひきざん」に入ると、再び混乱して理解するのに多くの時間を要することがあります。簡単な3や2や1の数字のうちはいいのですが、数が大きくなるにつれて、混乱する子どもが増えてくることを知って、そういう「ひきざん」の段差をなくす工夫を、数字を精選することか

第3章　算数的活動への入り口・学習への愛着

ら考えてみました。
　子どもが普段、数を扱う様子を見ていると、自分の指やお金に関係する「10」や「5」、簡単で楽な数字と思っている「1」と「0」の数字に安心感・安定感のようなものを感じているのを見つけました。その感覚を大切にし、①〜⑤の順で学習を進めてみました。

---

①5以下の数字の計算（同種の求残での問題）
②5以下の数字からたった1だけ引く計算（異種の求差での問題）
③答えが1になる計算（求補での問題）
④10から引く計算
⑤被減数の5を5といくつと考えながらする10以下の計算

---

　②の方が①より容易に思えるかもしれません。①は同種の計算ですが、②は異種という部分で、学ぶことが増えます。だから、学ぶ順序としては、①→②と考えました。

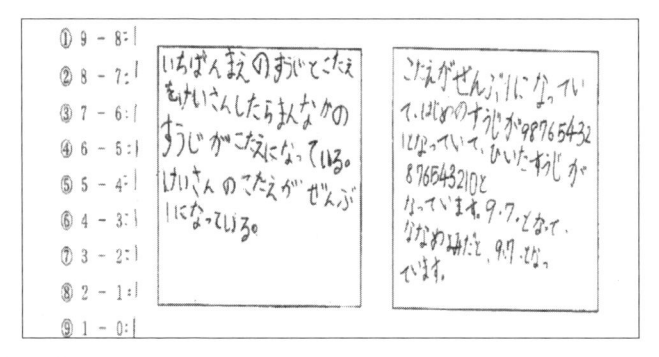

　例えば③の「求補で答えが1になる計算」の学習で、求補の問題から式を作った時、その式を並べてみると、数字が「エレベーター

のようになっている」ことや答えが全部1になるということを見つけることがでました。子どもたちは「答えが1なんて簡単！」「答えが全部1になるなんて、珍しい！」と声をあげ、さらに「なぜ式が違うのに答えが同じ1になるのだろう」という秘密を追究する子どももいました。「なぜ？」「不思議だな」と思う子どもの姿からは、豊かな感性が感じられました。

〈イメージを持ち絵から問題作りをする〉

　子どもの興味ある素材でのお話作りを経験させたり、文章から場面をイメージ化したりすることも大切だと思います。

　絵を見て文を書く（ひきざんの問題作り）や、文を読んで自分が理解したことを絵にかくという活動（ひきざんの絵本作り）をしてみました。

　ひきざんの1時間目。次頁のかえるの問題では、立式は間違わずにできるだろうと思っていましたが、「3＋2＝1」と発言した子どもがいました。みんなで、記号の意味を再確認するいい機会でした。

　教師が予想しないところでつまずいたり、教師が考えていない既習内容とのつながりを発見したりする子どもの姿には、いつも驚かされてしまいます。

　視覚的な情報・操作によって生まれた情報からイメージする学習展開において、教材との出合わせ方というのは、子どもの意欲を高める一つの手立てとなります。

　一枚の絵との出合いから算数が始まることは、意欲を高めるだけでなく、情報を算数的にイメージして学習過程における問題の構造

を捉えるための手立てになり、また、算数的活動による学びを実生活とかかわりのあるものにするための手立てにも、つながることが分かりました。

　子どもたちの想像をかき立て、能動的に学習に向かうことは、図や式とのつながりへの気付きをも促します。

　さらに、多様な考えを引き出すためには、自分自身の体験として再現することを支えてくれる材料が含まれている、教材であるということが、必要不可欠だと思います。

　例えば、絵や写真から与えられた情報を手がかりに、仮想的ではあるけれどイメージし、経験の量や質と結び付きやすくする教材であるということです。自らの体験から生まれたイメージの多様性は、互いの思考を大きく刺激し合っていました。

（求残の問題作り）

はじめに　かえるが　3びきいました。

およげる2ひきが　いけに　はいって
いけの　そこまでいきました。

およげない 1ぴきのかえるは
2ひきが いけのそこに はいったのが
わからなくて まっていました。

　この文章は、学級のみんなで話し合いながら考えて、つなげたものです。「泳げる2匹が」となっているところでは、初めは「その2匹は」とされていました。でも、ちょっと間をおいてから、「2匹は泳ぎが上手なんだよ」「泳げる2匹にしないと、待っている1匹が泳げないことにできないよ」などと発言が続き、「泳げる2匹が……」に直されたのでした。登場するカエルの特徴を真剣に考えようとしてる姿は、誠実で可愛らしい学習態度でした。こういう余白の学習が、算数を楽しくさせる隠し味になるのではないでしょうか。
　「泳げる2匹」や「泳げない1匹」「池の底」などというのは、子どもならではの発想だと思います。絵からイメージを膨らませているのだと思います。算数学習の本質から逸れる事柄と思われるかもしれません。でも、こうやって頭を回転させて文章を考えて自分のものにすることが、文章問題を読んだ時に、イメージを大切にして考えることができたり、自ら絵や図を用いて考えたりしようとする表現力に結び付くのだと思います。特に1年生であれば、こういうことからも学習が自分のものになっているのかどうかが見取ることができます。
　お話問題作りは、たしざんの

学習の時より数多く行いました。たしざんより難しいとされるひきざんの学習の定着を確実にしたかったからです。間違った文章や楽しい文章なども全体学習の中で十分に取り上げたあとで、グループや個人でお話問題作りに挑戦しました。

〈授業形態の工夫〉

　1年生の6月。学級全員の名前を覚え、友達が増えてきている時期。先生と子どもという一斉授業の他に、3〜4人のグループ学習を取り入れたのもこの頃です。4月によく行っていた2人組だと、考えが伝え合いやすいけれども、深まりにくくむしろ、3〜4人くらいの人数で互いにかかわりながら、学習すると効果的ではないか、と思いました。

　そこで、3人の机で三角形を作った学習形態「おにぎり型」や4人の机で正方形を作った学習形態「食パン型」を取り入れてみました。少人数だから、自分の意見を言える子どももいましたし、間違いをグループで教え合って解決することもできるようになってきていました。

　発達に合う学習形態を授業のどこかで行うことによって、1年生の子どもたちも45分の長い授業を楽しむことができます。

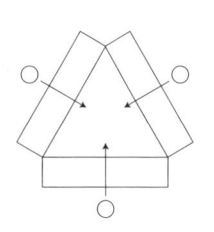

（食パン型）

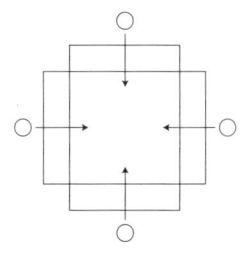

（おにぎり型）

(1年生:6月のグループ学習形態とその様子)

〈学習の全体構想〉

「ひきざん」の全体構想を以下のように考えました。

○→学習活動　・→教師の主な支援（総時数10時間）
(学習課題) ひきざんのひみつをみつけよう ○同種の求残で5以下の数から1位数を引く減法の絵の順序に従い、ひきざんの場面を絵や式で表現する。(2時間) ・減法の場面や計算の仕方を考えるために、具体物や半具体物を用意する。 ・絵から発想したことが算数的な表現につながるように、数字、求残の意味、のこりを表す言葉、「－」「＝」の記号について確かめる場を設ける。 ・場面をイメージできるように、絵と式を対応させて考える場を設ける。

・算数的な意味を自覚しながら、半具体物を操作できるように、「初めに〇個あります」「〇こ取ります」「のこりは〇です」という三文を声を出させる活動の場を設ける。

○異種の求差で、1を引く減法の式と表現方法について話し合う。（1時間）

・Aの集合の要素からBの集合の要素を引いているのではなく、Aの数に相当（対応）するBの数だけ引いていることをおさえ、どれだけ多いのかを考える場を設定する。

○求補で、答えが1になる減法のお話をみんなで作り、計算の仕方について話し合う。（1時間）

・引く数と引かれる数の関係に気付けるように、答えが1になる式を並べて、発見したことを紹介し合う場を設ける。

○10から引く減法の計算の仕方について話し合う。（1時間）

・習熟をはかるために、計算カードを用意する。

・「どちらがいくつ多いですか」「どちらがいくつ少ないですか」「同じにするにはどうすればいいですか」といった疑問文にも着目できるように、文に線を引いたり、声に出して読んだりする活動を取り入れる。

○被減数の5を、5といくつと考えながら、のこりや違いを求める減法について話し合う。（2時間）

・1対1対応になっていることを理解するために、線でつなぐ、ブロックに置き換えるなどの操作をする場を設ける。

・習熟をはかるために、1対1対応の図も描かれているひきざんカードを使って繰り返し練習する場を設ける。

○挿絵からひきざんの問題を作ったり、生活の場面からひきざんの問題を作って絵本にまとめたりする。(3時間)
・数を読み取るために、絵を見て何がいくつあるのかを声に出して確かめる場を設ける。
・減法に関係する全ての場面が取り上げられるようにする。
・ひきざんだけでなく、たしざんの問題も取り上げることで、計算の意味や答えを確かめられるようにする。
・生活の場面から見つけたひきざんの問題を絵本にして、友達同士で見合って、取り組ませる場を設定する。

　これは、単元の8時間目の授業の展開例です。

①~③→学習活動　・→教師の主な支援
①1つの絵から、ひきざんの問題を作ったり、計算の仕方を発表し合ったりする。
・1つの絵から、求補、求差の2種類の問題を見つけられるようにするために、絵の中にあるものの様子や数を全体で確かめ、気付きを促す。
・様々な考えのよさを共有するために、全体で分からないことや分かりやすい考えについて、発表し合う場を設ける。
・半具体物を用いながら説明できるように、ブロックを準備する。
・単位を意識できるように、答えの数字のあとに続く言葉を確かめる場を設ける。
・絵①から求差の問題が見つけられない場合は、絵②を提示して求差の問題も見つけられるようにする。
②2つの絵が連続した時のひきざんの問題を作り、計算の仕方を考える。
・個人学習ができるように、一人ひとりにホワイトシートを与える。

第3章　算数的活動への入り口・学習への愛着

・自分が考えたことを伝える力を全員がつけるために、3～4人の小グループで発表し合う場を設ける。
・式は全て「6-5」になること、答えが「1」になること、単位について確かめる場を設ける。
③学習のふり返りをする。
・自分の学びを実感できるように、心に残った友達の考えや学んだことについて発表し合う場を設ける。
・生活の中にあるひきざんに目を向けられるようにするために、似ている事象を探す場を設け、ひきざんの絵本作りをすすめる。

　この授業をするにあたって、大きく3つのひきざん（求残・求差・求補）について考えていました。子どもの学びを支えるために次のような教材解釈をしました。

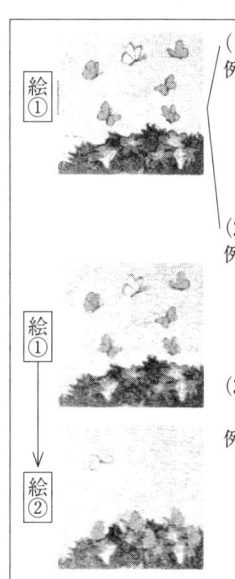

絵①	(1) 絵①から予想される子どもが作る問題と考え方 (求補の問題)

例：ちょうちょが　6わいます。そのうち5わは　きいろです。しろいちょうちょは　なんわいますか。

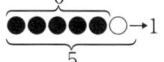

●●●●●○→1
　　6
　　5

6-5=1
 ∧
1 5

（式）6-5=1　（答え）1わ

(2) 絵①から予想される子どもが作る問題と考え方 (求差の問題)

例：ちょうちょが　6わいます。お花は5つあります。
ちがいはいくつでしょう。

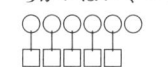

○○○○○○
□□□□□
（式）6-5=1
（答え）1つ

(3) 絵①→絵②から予想される子どもが作る問題と考え方
　　　　　　　　　　　　　　　　　　　　　　(求残の問題)

例：はじめに　お空で　ちょうちょが　6わいます。お花に5わとまりました。のこりのちょうちょは　なんわでしょう。

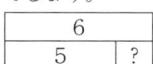

6	
5	?

○○○○○○
（式）6-5=1　（答え）1わ

―39―

- (1)の求補や(2)の求差の問題解決は、(3)の求残の考え方にまとめられます。
- 求差の問題では、蝶の数に相当(対応)するお花の数だけ引いています。線でつなぎ、求残にして考えるとよいことをおさえます。
- 求補は引くという場面がないため、ひきざんとして考えにくいと思われます。半具体物を使って、確かめる場面を作りたいと思いました。
- 求差の類似問題として、A「どちらがいくつ多いでしょう」、B「どちらがいくつ少ないでしょう」が考えられます。「どちらが」を求めることが難しい場合は、「同じにするにはいくつあるといいかな」とか、「いくつ足りないかな」といった日常的な言葉に置き換えて質問したり、数をみんなで数えたりしてヒントを与えたいと考えました。
- (3)は連続場面の時間の流れを理解できるようにするために2枚の絵を左右方向ではなく、上下方向で提示したいと考えました。

〈授業の実際〉……(授業記録47頁参照)

1枚目の大きな絵を見せた時、子どもたちは、「きれい」「わぁ！すごい」と声をあげました。こんなに喜んで驚いてくれるなんて、教師が感動してしまったくらいです。

お話に出てくるものを「はな5つ」「しろいちょうちょう1つ」「きいろ

第3章　算数的活動への入り口・学習への愛着

いちょうちょう5つ」「ちょうちょう6つ」「くさとゆうやけ」と子どもたちは考えました。

　問題作りをしている時、「くさとゆうやけ」もお話に使いたくてかなり粘った子どもがいました。何度も友達にアドバイスされるのですが、何度も挙手をして、自分の考えをどうにか貫こうと思考を巡らしていました。ところが、とうとう「う〜ん。ギブアップ！」という言葉が出ました。そう言って着席した表情は、意外にも笑顔でした。周りで参観されていた先生方は笑っていました。一生懸命な子どもの姿勢と正直さへの温かな笑いでした。できないことを「できない」と、「ここまではできるけれど、ここからは分からない」と言える学級にしたいと思います。だからこそ、子どもが決着をつけようと頑張っている時に、教師の小さな価値観を押しつけて、決着させたようにしないことを気を付けています。

　また、この1枚の絵からは、5本の赤い花と6羽の蝶々の違いを考える問題と、全体の蝶々が6羽で黄色い蝶々が5羽なら白い蝶々はあと何羽いるかという2つの問題を考えることができました。

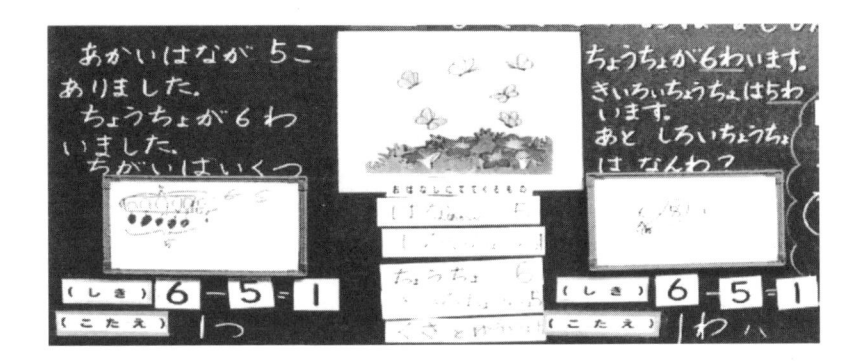

― 41 ―

自分たちで作った問題を解く時、「やりかたさくせん」として、「丸図」・「ひくバス図」・「さくらんぼ」・「指（を使う）」・「ブロック」・「Tさん方式（のこりの問題であれば）」の6つのやり方を子どもたちはあげました。

　しかし、私は今回、その中の「丸図」と「さくらんぼ」のやり方を取り上げる指示をしました。「丸図」は、様々な図の基本になる考え方です。だから、復習の意味も含めて、全員が「丸図」で考えられるかを確かめる必要があると思いました。「さくらんぼ」のやり方は、2学期に学習する内容につながります。

　だから、定着をしっかりさせたいと思い、この2つの考え方を意図的に取り上げたのでした。子どもが苦手な考え方や得意な考え方を教師が個人票に整理をしたことが役立ちました。

　ここまでで25分でした。1年生であれば、2つも問題を解決したのだから、ここまでで1時間とし、授業のまとめに入ってもよかったかもしれません。その証拠に「先生、おなかすいた〜」とみんなが言い出しました。たくさんエネルギーを使って考えたからだと思います。25分をやり切った感じがあったのでしょう。

　私は、迷いましたが、たくさんの先生方がいるからこそ、もう一つ力を出して乗り越えさせてみたいと思いました。個人学習とグループ学習をまだこの時間の中でしていなかったからです。そこで、子どもたちの気分を上向きに変えるために、ここまでのがんばりを褒め、「みんなのために準備してきた絵をみせたいなぁ」と話しました。

　子どもたちが「いいよ」と許してくれたところで、連続した絵①

→絵②の2枚の絵を提示しました。先ほどまで「おなかがすいた!」と言っていた子どもたちは、がらりと表情を変え、ぐっと何かに向かう表情になっていました。すでに思考は回転を始めていました。動かない絵が、子どもたちの想像をかき立てているのです。これは、すごいことだと思いました。

(子どもたちが作ったお話)

> はじめに　ちょうちょが　6わいます。
> あかい　おはなが　5ほんさいています。
> 5わの　きいろい　ちょうちょが　みつを　すいにいきました。
> のこりの　のめない　ちょうちょは　なんわでしょう。

　子どもたちがこだわったのは、「あかいおはなが5ほんさいています」という文章でした。これは算数的には混乱を招く文章です。授業後に「あかいおはながさいています」とすれば、6-5=1の「5」は、何の数字かがあやふやにならずにすんだという点で、反省だと思いました。

　しかし、「のめないちょうちょ」と表現しているところで、イメージしたことを情緒的な内容も含め、算数の中の問題として成立させている子どもの感性の素晴らしさがありました。

　また、丸図に書いている「6」という数字と式の「6」、丸図に書

いてある「5」の数字と式の「5」というふうに、図にある数字と式にある数字が同じになっている発見もできました。このように、図や式とのつながりを全体で確かめる場を持つことができたのでした。

　また、ひきざんにおけるつまずきは、たしざんとのつながりによって起こるものであることも見つけることができました。こういうつまずきを全体で取り上げることで、「ぼくだけが間違ったのではないんだ」「○さんのおかげで計算のわけがよく分かった」「○さんの間違いは、いい間違いだね」などという子どもの声が聞かれました。

　この問題の「やりかたさくせん」は、限定しないで自分のやりたいやり方を選んでもらいました。一人でいくつものやり方に挑戦する子どもがほとんどでした。

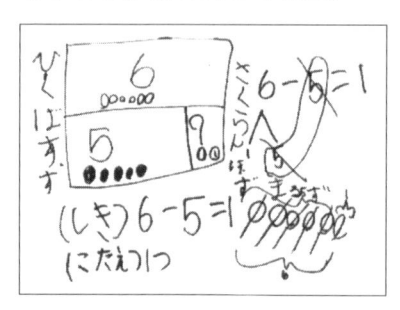

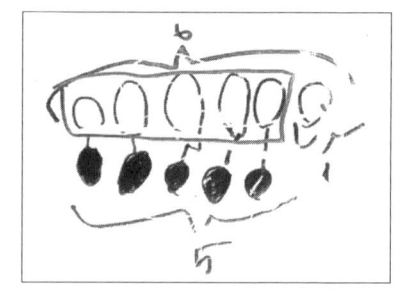

（子どもたちの主な感想）
① 前までできなかったさくらんぼが、できるようになってよかったです。
② ギブアップと言ってしまったけれど、みんなから教えてもらって全部分かりました。

③丸図に書いている「6」という数字と式の「6」、丸図に書いてある「5」の数字と式の「5」というふうに、図にある数字と式にある数字が同じになっています。

　これも授業後の反省ですが、自分の考えを紹介する時間を全員がもつという意図で、授業の最後に「おにぎり」「食パン」のグループ形態を取り入れたところは、グループで学ばせるのであれば、2枚の絵から問題を作る授業の半ば頃の方が、よかったのではないかと思いました。

　全員が自分のやり方をもって、ホワイトシートに書き始める姿を見ながら、間違いはないかを探して回りました。「ちがい」の考え方で表現している子ども、バス図で全体の数字が間違っている子どもを見つけました。「違い」の考え方と間違って手をつなぐ図にしてしまうのもなんだか分かるような気がします。個別に指導して回りましたが、全員が理解するというのは至難の業だと思いました。

　今回は意図的に、問題から立てられた3つの式が「6−5＝1」になるようにしました。これは、式は同じでも状況や意味が全く違うということや、式にもたくさんの意味がかくれているというひみつを発見してもらいたかったからです。子どもたちはとても納得していました。

　求差と求残の考え方を混同する子どもを指導しているうちに、求差が求残の考えに帰着することが分かりました。

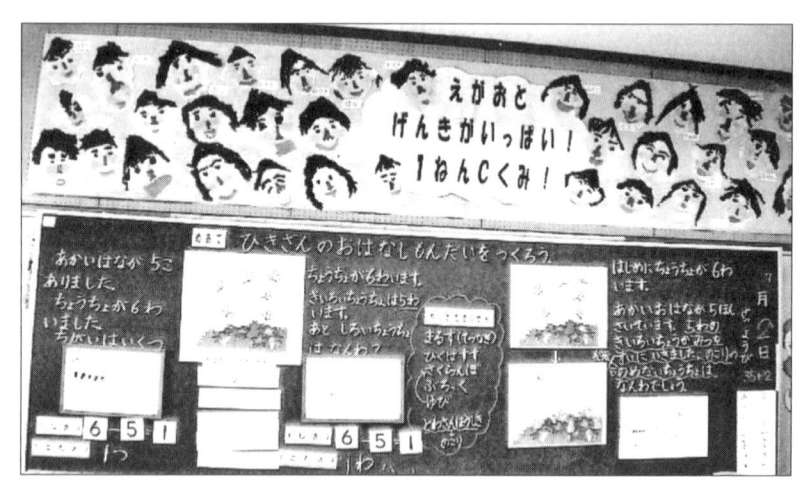

板書

第3章 算数的活動への入り口・学習への愛着

ひきざんのひみつをみつけよう
授業記録 （1年C組 35名）
於 平成19年度 公開研究協議会（6月29日）

C はじめます。
T 今日のめあては……あれっチョークをしまってくれたんですね。（黒板に出して準備していたはずのチョークが引き出しにしまわれていた）ありがとう。
では、黒板に書くので読んでください。
C はい！
（黒板に書かれていく文字を読んでいく）
ひきざんのひみつ……。
ひきざんのおはなしを……。
ひきざんのおはなしのもんだいを。
あっ！ 作る！
もんだいを作ろう。
T （うなずきながら）問題を自分でもちろん考えるんだけど……。
C おもしろーい！
T おもしろい問題ができるかなー？
さて、今日は素敵な絵を持ってきました。
C えぇー！？
T みんなのために持ってきたんだけど、喜んでもらえるかな。心配だな――。

    どうかな、みんなに見せちゃうよー。
C　きれーい！
C　すてき。
C　いいよね。
T　あら嬉しい。頑張って作ってよかったぁ。
　　お話に出てくるものは何かな。
C　蝶々。
C　お花。
C　蝶々とお花だ。
T　（声が飛び交うが、考えている子どももまだいたので）
　　じゃあ、小さいグループで話し合ってみましょうか。
　　（近くの友達と話し合う。立って寄り集まるグループもある）
T　じゃあ、聞くよ。
　　お話に出てくるものはなぁに？
C　はーい！（一斉に元気よく挙手をする）
T　じゃあ、Aさん。
C　はい。蝶々と花。
T　そうだね。
C　もう一個あります。（まだあるというように大勢の子どもが挙手をする）
T　じゃあ、Bさん。
C　黄色い蝶々と白い蝶々。
T　はい。そうですね。
　　（勢いよく挙手をする）

第3章 算数的活動への入り口・学習への愛着

　　まだあるでんすね。Cさん。
C　赤い花です。
C　同じだね。
C　はい。まだあります。
T　まだあるんですか？
　　じゃあ、Dさん。
C　草。
C　あっ、ぼくが言おうとしていたのに、とられた。
T　あとは？　Eさん。
C　空。
T　空もあるね。
C　夕日もある。
T　いっぱい出てきた！　先生が書いたので全部かどうかあててみて。間違っていないか。
C　夕焼け。
T　こんなに一杯出ると思わなかった。
C　先生！　花じゃなくて赤い花だよ。
T　つけたしするね。どれだけいるか数えてみましょう。
　　まず、蝶々さんはいくついるかな。
C　4匹。
C　5匹。
C　6匹。
C　黄色い蝶が5匹。
T　じゃあ、一緒に数えてみましょうね。

C　1、2、3、4、5、6。(みんな)
C　7、8。(1人)
T　あれ、誰ですか？　7、8なんて冗談を言っている人は。
C　(笑いながら)Tくん！！
T　じゃあもう一回、今度はふざけっこなしで数えてみましょう。
C　1、2、3、4、5！
T　今度は、黄色い蝶々を数えてみましょう。
C　1、2、3、4、5(みんな)
C　6！
T　またまたいたずらしている人がいますね。
　　何羽だったけ？　黄色い蝶々は？
C　5羽(みんな)
C　一、十、百、千、万！
T　さっ、今度は白い蝶々。(一緒に数えるよう促す)
C　1！
C　2。(みんなが綺麗にそろったと思ったのに、また違う答えが出たので笑う)
T　白い蝶々を数えましょう。
C　(ここでも1羽と2羽に分かれる。)
C　1羽でなくって1匹だよ。
C　えっ、2羽だよ。
T　ここに白い蝶々が2羽いる？
C　ううん。
C　モンシロチョウだね。

第3章　算数的活動への入り口・学習への愛着

C　一、十、百、千、万！
T　すごいね。いっぱい数を数えられるんだね。
　　白い蝶々はいくつですか？
C　1。
C　1羽。
T　さて、夕焼けは数えられま…………。
C　だめ！
C　（数えられま）せん！
C　（数えられま）す。
C　1こだよ。
T　分かった。夕焼けも大きい1個としたいのね。
C　うん。
C　あとその絵。
T　絵が何枚？
C　1枚。
T　いっぱい数が隠れているんだね。お話に出てくるものを使ってどんなお話が作れるかな。
C　はーい。（数人）
T　作れそうな人、立ってください。じゃあ、Eさん。
E　（立ってから考えている様子）…………。
C　（それを感じた子どもが）Eくん、忘れたら忘れましたって言えばいいんだよ。
E　…………（しばらく考えてからぼそぼそ言い始める）蝶々が全部合わせて6匹です。

T 蝶々を使ったんだね。
E そのうち白い蝶々は1匹です。黄色い蝶々は何匹でしょう。
T ああ。あと黄色い蝶々は何匹でしょうという問題ですね。もう一回、Eさんのお話覚えていますか。
C 「あと（いくつあるでしょう）」の問題！
T そう、あとの問題だね。Eさん、ありがとう。では、Fさんのはどうかな。
F 黄色い蝶々が5匹います。白い蝶々は1匹です。あと、赤い花は……。
C えっ、赤い花は入んないんじゃない？
F 赤い花は5個です。えっと、草と夕日……黄色い蝶々がえっとまって。黄色い蝶々がえっと、2匹飛んでいきました。
T ああ。（うなずく）
C （一生懸命聞いて考えていた子どもが）何かいっぱい出て忘れちゃった。
　赤い花が2個摘まれました。あとは何個残っているでしょう。
T はい。今のFさんのお話は、「飛んでいった」と「摘まれた」だから……。
C のこりの問題！
T ああ、のこりの問題もできそうなんだね。ありがとう。
　じゃあ、Gさんはどんな問題を作ったのかな。教えてください。
G 蝶々が6匹いました。赤いお花が5個ありました。違いはいくつ？
C ああ!!（子どもたち、なるほどというような感嘆の声を出す）

第3章 算数的活動への入り口・学習への愛着

（拍手が出た）
T 違いの問題だね。ありがとう。じゃあ、Eさん、Fさん、Gさんと同じ人は座りましょう。Hさんどうぞ。
H 黄色い蝶々が5匹います。白い蝶々が1匹います。赤い花が5個咲いています。黄色い蝶々がお花のミツを飲みにきました。飲めない蝶々は何羽でしょう。
T 飲めない蝶々というのは動いているかな？ 動いていないかな？
C 動いている。
T 動いているということは？ 何の問題かな。
C のこりの問題。（のこりを求める問題）
T 食べたり、いなくなったりする問題はのこりの問題だったね。
T すごいね。みんな。こんなにたくさんの問題を発表してね。
H あー！ 面白かった！
T まだ……終わらないですよ。（参観者の皆さんが笑う）
　じゃあ、今日は「あー！ 面白かった」と言ったHさんの問題をもらいましょう。
H いえーい！
T Hさんの問題は何問題だった？
C 違いの問題。
T 何と何の違いの問題でした？
C 花と……蝶々……。
T 花と蝶々の違いでしたね。じゃあどうやって言葉に書いたらいいかな。もう一回、Hさんに言ってもらってもいいけど、違う

— 53 —

人に言ってもらいたいな。Hさんは何て言ったっけ？ Iさん。
I 赤い花が5個ありました。（黒板にそこまで書くのを待ってから）蝶々が6羽いました……。
C それじゃ、ひけないよ！
C ちょっとまってまってまって。
I （みんなにそう言われて自信がなくなってきた様子）…………。
T みんなに聞こえる大きい声で言っていいですよ。
I ……違いはいくつ。
C あの、小さい数字から大きい数字はひけない。
C 最初が蝶々だと……。
C たしざんになっちゃうよ。
T 今ね。「違い」の時は、最初の数が5の小さい数の時はひきざんにならないって言ったんだけども、「違い」って何だったっけ？
C くらべっこ！
T 男の子と女の子がいた時に、「男の子と女の子をくらべましょう」と言うのと「女の子と男の子をくらべましょう」と言うのはだめ？
C どっちでもいい。
T そう。
C 順番がちょっと違うけどいい。
C ああ、そうか。
T 「違い」の時はIさんが言ってくれたように、小さい数字が先でも大丈夫だね。どうやって解いてみようか。Iさんは、ちゃん

第3章 算数的活動への入り口・学習への愛着

とHさんの話を聞いてくれて問題を言ってくれたね。ありがとうね。どうやって作戦……。
C てつなぎでやればできる。
C Eさん方式がいい。
C バス図。
T はい、じゃあ（手を挙げて）教えてください。
（反応のわりには挙手の数が少なく感じたので）
作戦をもう一回小さいグループで立ててみてください。
C 近くの友達と身を乗り出して作戦を立てる。
T じゃあ、Jさんがやったのを見てから、またみんなで考えてみましょう。
（Jさんが黒板の前に出てくる）
さっ、どうやって書くのかな。
C あっ、ちょっと違うんじゃない？
（Jさんはそれを聞いても黙々と●を書き続ける）
J みなさんどうですか？
C 合ってません。
C お助けします。
J Kさんでいい？
C Kさん、喜んでる！（黒板の前に出られていいなぁという気持ちから出た言葉）
K （絵の方を指さして数えて確かめながら、〇を書いている）
T いつもはできるけど、前に出てくるとどきどきするもんね。Jさん（途中でバトンタッチした）はいつもはちゃんとできるも

んね。
C　えっ、えっ？　えっ、えっ？
K　（振り向いて、間違っているのかどうか、みんなの表情を見て確かめる）
C　（みんな笑う）
T　みんな早く見たいんだって。スピードアップしてね。
C　（スピードを上げて書き上げる）どうですか？
C　合ってます！
T　ちょっとKさんに、何を○にして、何を●にしたのかを聞いてみましょう。
K　えっと、この白は……（指示棒を持って説明しようとしている）
C　黒板に向いて言わないでください。
　　（みんな笑う）
C　（この白はの後は）蝶々でしょ？
K　（くるっと回って前を見て）この白いのは蝶々が6羽の6で。（指示棒で絵を指しながら説明をしている）で、赤い花の5個がここで……。（自分の書いた●が5個あるか確かめてガッツポーズをとる）
C　（みんな笑う）
　　あの、
T　「違いはいくつ？」はどうしたのかな。
F　分かった！　いいこと思いついた！
C　あんざんでもできるよ。
T　Tさん方式忘れてるよ。

第3章　算数的活動への入り口・学習への愛着

※Tさん方式→引く数の分だけ斜線を引くやり方。
C　えっ、Tさん方式いつやるの？
K　（笑って頭をかかえながら席にもどる）
T　前に出るとドキドキするんですね。ちょっとみんなで見てみましょう。本当に6個あるかな。
C　1・2・3・4・5・6！！
T　ちゃんと見て数えてるね。えらいね。じゃあ、こっちのもう一個（●丸の方）は何にしたって言ったっけ？
C　花！
T　いくつあるかな？　さんはい。
C　1・2・3・4・5（6！）（6のいたずらに「ふふふ」と笑う声）
T　じゃあ、これでお手てを結んだので、さっきKさんが式はどうなるの？　って言うんだけど……。
C　あっ、分かる。
T　ちょっと待って。
C　6－5＝
T　自信ないですっていう人は？（手を挙げてください）
　　（数人が手を挙げる）
C　さくらんぼでだったらできる。
　　※「さくらんぼ」方式→数を分解して考えるやり方。
C　ぼく自信ある。
T　自信ない人もいるので……自信ない人が、自信ある人からも聞けるように、近くの人と相談してみて。
　　（ニコニコと相談を始める）

― 57 ―

（程なくして手を挙げ始める）
　　はい。Lさん教えてください。その場所でいいですよ。
C　6−5＝1です。
C　同じだね。
C　ぼくと同じだね。
T　答えはどうなるのかな。
C　はい。単位つけてできます。
T　ほんと？　Fさん。
F　1羽です。
C　……えっ？
C　（ぼく・わたしなら）できます。
F　（Fさん、みんなに否定されて困った様子で首をかしげる）
C　お助けします。
T　でもFさん一生懸命考えているからヒントをあげられる人、いない？
　　じゃあヒントだけを……（誰かに当てようとみていたらMさんが話し始める）
C　（座ったままFさんを見ながら）違いはいくつ……。
T　あっ、もうMちゃんが言ってるの？　じゃあ、Mさん。
C　（立ち上がって）違いがいくつのところがヒントです。
L　（Mさんの方を見ながら、胸に手をあてて一生懸命考えている。）
C　もうちょっと詳しく（できる）
T　はい、じゃあ、Nさん。
N　蝶は匹で、花は個だからどっちも（単位が）違うから、羽でも

第3章　算数的活動への入り口・学習への愛着

　　個でもできませんよ。
F　じゃあ……？
C　(Nさんと) 同じだね。
T　(Fさんの方を向いて) じゃあ、答えはどうなるのかな。
F　……ギブアップ！(笑顔で答える)
T　ギブアップかぁ?!　Oさん。
O　1つ。
C　合ってます。(ガッツポーズをとる子や拍手する子)
T　Fちゃん、OK？　思い出した？　では、一番最初に出してくれた問題あったから、もう一つ問題作りしましょう。一つできたね。じゃあ二つ目。何と何を使ったっけ？
C　蝶々と花。
C　黄色い蝶々……。
T　そうだね。黄色い蝶々と……。
C　Tさんが使った！
T　これとこれ(「ちょうちょ6」のカードと「きいろいちょうちょ5」のカード)を使ってましたね。(カードを動かす) きっと一番最初の問題を忘れていると思うので……。
C　「あと」問題でしょ？
T　そう、よく覚えているね。じゃあ、蝶々が6羽います。(問題を黒板に書き始める)
　　黄色い蝶々は何羽だったっけ？
　　5羽。
C　あと白い蝶々は何羽？

T 「あと」だね。あと白い蝶々は何羽？ さあ、どうしようか……。これも式と答えに行く前にどうしてそうなるのかもちゃんと考えたいなぁと思います。この間ね、難しいって言った「さくらんぼ」でできるかな。
C はーい！
C できる！
T （全員が手を挙げてないので）ちょっと待ってね。6羽と5羽だから、白い蝶々は見れば分かるよね。何羽いる？
C 1羽。
T そうだね。これだったら式ももうみんな考えられるね。
C できまーす！
T 式はどうなるかな。みんなで言ってみましょう。
　　6－5＝1です。さくらんぼはできるかな？ Pさん。
P （もくもくとホワイトボードに書くPさん）
C あれっ？
C 合ってるよ。
C えっ?!
C いいんだよ。
C 合ってる！
C 合ってないみたい。
C 合ってる。
C 黒板の方に向いていると、絵とかが見えません。
P （指示棒を持つが私に言えないと小声で言う）
　　ここまでよく書けましたね。Pくん、よく頑張ったね。（頭を

撫でて、席に戻す）じゃ、Pくんの代わりにこれを教えてくれる人。
C　はい！
T　じゃ、Qさん。
Q　はい！（張り切って笑顔で前に出てくる）
C　Qくん、がんばれ——。
C　えっと、うさぎ……じゃなくって……。
C　（笑う）
Q　蝶々が6匹……6羽います。白い蝶々が1匹で、黄色い蝶々が5匹いるんで……。
T　（みんなの方に向かって）6を何と何に分けたのかな？
C　1と5です。
T　そう1と5に分けてたね。
Q　で……。
T　そのあとは？
Q　で、5になって5を消すとここに。
T　ここを消すって何と何を消すの？
C　5と5！
Q　5と5を消すと1が残るので、答えが1になります。
C　合ってます。
C　すごいね。（拍手）
C　すごい。
T　説明、上手。じゃあ、もう一度、式と答えを言いましょうか。まだやり方はあるんだけども、もう一回確認。みんなで言って

みましょう。
C　6−5＝1です。
T　答えはどうなるかな。
C　1つです。
C　1羽です
K　先生！
T　はい、Kさん。
K　あの……あの蝶々は6羽います。黄色い蝶々は5羽いますのところは、2つとも「羽」がついているから、答えが羽になります。
C　合っています。
C　同じだね。
T　答えは？
C　1つ。
C　1羽。
T　まだ答えが言えてない人いるぞ。
C　1羽です。
T　みんなで答えを……さん、はい！
C　1羽です。
T　よくできました。みんな一生懸命考えたから疲れたでしょう？
C　先生、疲れはしないけれど、おなかすいたよー！
　　　（参観者笑い）
T　分かりました。おなかがすいたみんなにもエネルギーをあげるように頑張って作ってきました。見てね。たった2枚の紙芝居だから。

第3章　算数的活動への入り口・学習への愛着

C　えー。うそだよ。
T　たった2枚……。1枚目。(画用紙を裏返す)
C　あっ、さっきと同じじゃん！！
T　でも、2～枚目。
C　うあー。
C　さっき、もえちゃんが言ったのと同じだ。
C　すごい。
C　蝶々が一人になっちゃうよ。
　　(子どもたち、おなかがすいたのは忘れて、次々に感じたことを口にする)
C　はい。(手を挙げ始める)
C　分かります。
T　じゃ、どうしよう。お友達と相談したい人いますか？　今、手が挙がっていない人が多いんですけど……。相談したいって人いない？　大丈夫？
C　(元気よく相談したいという意味で手を挙げる)
T　「のこりのもんだ……(「のこりの問題」という答えを言って失敗したという表情)
C　あっ！　言ったあ。
C　答えを言ったあ。
C　言っちゃった。
R　つられた。
T　Rさんがさっきから「のこりの問題、のこりの問題」って言ってたから、先生、つられちゃった。

（教室、小さな笑い声）
　　（気持ちを切り替えて）じゃあ、Sさん。何と何を使おうかな。
C　お花と蝶々。
S　手を挙げてなかった。（小さい声）
T　手を挙げてなかった？
C　できます（何人か手を挙げる）。
T　ちょっと待って。もう一回見てご覧。さあ。この問題をクリアできたらすごいと思うの。はい！　先生！　蝶々がこんなふうに変わって、お話が変わったのね。じゃあ、Gさん。
G　初めに蝶々が6羽います。
T　みんなでも一緒に言ってみましょう。
C　初めに蝶々が6羽います。
　　赤いお花が5個咲いています。
　　黄色い蝶々が赤いお花にミツを吸いに行きました。
T　蝶々が何をしに行ったって言った？
C　ミツを吸いに……（黒板に書くスピードに合わせて）い・き・ま・し・た！
T　黄色い蝶々は何羽ですか。
C　6……あっ5羽。
T　5羽の黄色い蝶々ね。
G　飲めない蝶々は何羽でしょう。
C　ああ。飲めないんだ。（悲しそうに）
C　飲めない蝶々は相当おなかがすいている蝶々だ。
T　はい。この物語をさえこさんが作ってくれました。アイディア

第3章　算数的活動への入り口・学習への愛着

のある人いませんか？　意見がある人いませんか？　まずみんなで問題を読んでみましょうか。

C　（みんなで声を合わせて）初めに蝶々が6羽います。赤いお花が5個咲いています。
5羽の黄色い蝶々がミツを吸いに行きました。飲めない蝶々は何羽でしょうか。

K　意見があります。

T　はいKさん。

K　前に行ってもいいですか。

T　いいですよ。

K　あの……初めに蝶々が6羽って最初に書いていて、その次に赤いお花が5個咲いています。5羽のって、数字があの三個では、ぼくはちょっと……。

T　5がいっぱいになっているなって気がするんだよね。
Kさん、何か教えてもらっていいですか？　何か気になるところがありますか？
赤いお花が5個で、5個の次にまた5羽って、また5が出てくると何か……。

C　何か聞き慣れない。

C　5が続いている。

T　（黒板の5の数字を確かめながら）本当だね。じゃ、ちょっと、最後の言葉を読んでみましょうか。

C　飲めない蝶々は何羽でしょう。

T　関係するのはどっちかな。

C	黄色い蝶々。
T	黄色い蝶々の方が関係するね。じゃ、今赤いお花はここにはなくて大丈夫かな？ 絶対あった方がいいかな。
C	あった方がいい！
M	だってミツを吸いに行ったんだもん。
T	なるほどそっか。ミツを吸うためには赤い花がなきゃだめなのね。
C	うん。
T	分かりました。じゃあ、これは何問題になるかな。
C	のこり！
C	のこり飲めない蝶々ってなっているよ。（間違った板書を教えてくれている）
T	ああ、のこりの……そうだね。ありがとう。のこりの飲めない蝶々は（黒板に書きながら）のこりの！ 飲めない蝶々は……。
K	そうすれば、Vさんが言った通りにのこり（を求める）の問題になる。
J	だけどさ。飲めない蝶々って。
C	のこりの飲めないって？
	のこりの……飲めないって……。（ざわざわ） （「のこり」という言葉が「飲めない」にかかっているようで、「のこりの蝶々」の意味が薄れて混乱している）
T	6羽います。赤いお花は絶対なきゃいけないって言うから美穂子先生つけますが、ちょっとここをとばして読みますね。「初めに蝶々が6羽います。……とばすよ……。5羽の黄色い蝶々が

— 66 —

ミツを吸いに行きました。のこりの飲めない蝶々は何羽でしょう」というのを自分の好きなやり方（授業の初めに出していた作戦をなぞりながら）でやってみたくないですか？

C やりたーい。
T じゃあ、やってみましょう。始めましょう。
C 先生、やり方作戦ですか？
C 先生、やり方と式と答えですか？
T OK ですよ。
C （それぞれに持っているホワイトシートに書き始める。個人学習をしている）
T 式と答えから書いている人もいますね。それでもいいですよ。式と答えを書き終わったら、やり方も書いてね。
C （とことこ歩いて来て）先生、できたので、もう一つのやり方をやってもいいですか？
T いいですよ。（机間指導をしてのこりと違いを間違って表現している子どもを見つける）のこりの問題の時って、何方式だっけ。
C Tさん方式！
T Tさん方式ってどうするんだっけ？
C 線で消す。
C Dくんのも線で消すよ。
C ちょっと違うやつだよ。
T 答えを忘れないでね。
　できたグループもいるので、小さい食パンとおにぎりグループ

になって、紹介し合いっこしますか。
C　はい！
C　まだ（できていない）。
T　じゃあ、一回、三角の形と食パンの形を作ってみましょう。
C　（机椅子を動かし始め、それぞれのグループで紹介を始める。発表する子どもは立って発表している）
T　いいかな。
C　まだ終わってない。
　　（黒板を見て指さして確かめて話し合っているグループもある）
T　できたグループは席を戻します。
　　（机椅子を動かして戻し始める）
　　ちょっと見てください。どこのグループも上手に発表していました。前よりもすっごく上手になってました。順番を決めるのも上手になってたね。手はお膝でいいですか。
　　Wくんもいっぱい頑張っていました。「ひくバス図」も「さくらんぼ図」も……。
C　あっ、これは何図か書いているのがすごい。
C　私も書いている
T　そうだね。たくさんのやり方をやっていますね。ほら見てみて、Xちゃんこんなに上手に書けるようになったよ。
C　面白ーい。
T　今日のお勉強のお宝を教えてください。
C　えー。なーい。（笑いながら）
Z　はい！

第3章　算数的活動への入り口・学習への愛着

T　はい、Zさん。
C　発表できたことがよかったです。
　（拍手）
T　はい、Yさん。
Y　あのWさんと私が同じ図を書いているのでびっくりしました。
T　そう！　同じ考えがあったのね。
K　黒板の前で書くのがちょっぴり緊張したけど、だんだんうまくなって緊張しないでできるようにぼくは今度なりたいです。
T　式と図のことで何か発見したことはありませんか？　Aさん。
A　あの……この式のことで（授業の初めの方の問題を示しながら）「6－5＝1」後ろ一個前の数字が入っている。（6と5の数字のこと）
T　入っている……。6と5と1のことで何か気付いたことがあるってことね。他に気付いたことありますか？　はい、Bさん。
B　えっと反対から言うと、1＋5＝6
K　それぼく、前に言ったよ。
T　Dさん。
D　ちょっと前に行っていいですか？　1－6＝5
T　1－6＝5だって。
C　できない。
C　えっ、できるよ。
C　できないよ。
C　6－1＝
T　ああそうだね。じゃあ、もう一度Dさん、どうぞ。

D　6−1＝5
T　はい、よくできたね。Dさん、ありがとうよくできました。
C　ぼくが言ったのだ！
T　せっかく図があるから、この6って？
C　丸図の6。
T　丸図と言ってもいっぱい丸があるから、どこの丸かな。
C　白い丸。
T　はい、白い丸。
C　つけたしがあります。
T　この5は？
C　黒い丸。
C　まだつけたしします。
C　美穂子先生、まだ発見がある。
　　（Kさんが自分で前に出てきて説明をする）
K　（丸図に数字を入れ始める）
C　おお！
C　そうか。
C　うちもやってる。
T　ああ、なるほど。ありがとうKさん。だから、この6はここにきて、この5はここにきて、1がここにあるんだ。たくさん発見しましたね。お話もいっぱいみんなで力を合わせて作れました。今日はみんな花丸です。
C　やったー。わーい。
T　はいじゃあ、日直さん終わりましょう。

第3章　算数的活動への入り口・学習への愛着

C　座ったまま気を付け。
C　はい
T　いい姿勢です。
C　これで3時間目の学習を終わります。
C　終わります。
T　はい、よくがんばりました。

第4章
成功と失敗のくり返しによる学び方の獲得

ここで使う「反復」とは、ただ単に復習することをいうのではありません。くり返して前の学習をする機会を与えることで既習内容を思い出しながら、その中から何が活用できるのかを探し選び、解決を試みる中で既習内容を確実に定着させていくことです。自分や誰かの間違いが生かされる時、自分が選んだものが成功につながらなかったことを知った時に、「今度はどれを使えそうかな」と選ぶ力をつけられるチャンスだと思うのです。

たしざん・ひきざんの間違いへの対応
～言葉や数・図・式の意味と
そのつながりを理解するために～

　どんな素晴らしい考え方があるのか。どんな新しい考え方があるのか。それらをどのようにして子どもから引き出したらよいのか。数年前の私は、正しい考え方だけを意図的に取り上げ、積み上げて授業をすることに重点を置いていました。しかしここ何年かで授業観が変わり、今では正しいことのみ授業で取り上げるのではなく、間違いを含む全ての子どもの考え方を理解して、子どもの間違いを大事にして授業をすることを試みるようになりました。この頃は、新しい種類の間違いを子どもがした時に、その子どもの新たな面と出会った喜びを感じて、その子どもに寄り添えるきっかけを作れるようになってきたと思います。

　何度か1年生を担任しているうちに、「あれ、これは△年前に受け持っていた○さんが、1年生の時にしていた間違いと同じだ」という場面に何回かあいました。もっと早くに、子どもがする様々な間違いを記録しておけばよかったと思います。そうすれば、そういう間違いを予測することで、教師が適切に対応し、子どもの学習意欲や定着を高めることができると思うからです。

　たしざんの学習が終わり、ひきざんの学習に入りました。ところが、たしざん思考とひきざん思考がまざってしまう子どもがいます。そういえば、こういうことはこれまでもよくあることでした。6学

年で言えば、分数のわりざんの学習に入った時、かけざんの意味と混同してしまうということと似ています。また、ひきざんの図では、「求残」「求差」の考え方が逆になって表現している子どもも見つけました。ここでは子どもがする間違い例を取り上げて、いかしたり、さらに定着させたりすることを考えてみたいと思います。

〈たしざんからひきざんにかわった時に見られる図のつまずき〉
（例1）
　A図の4＋5＝9のたすバス図は、式の順番どおりに4と5が上に書かれ、合わせた全部の数が下に書かれています。バス図では、下に答えがくると形式的に覚えてしまっている場合、ひきざんの時にはB図のような表現をしてしまうことがあります。B図の「3－2＝1」において、たしざんの学習をいかそうとして、バス図を書くと、式にある順番に数字を箱の中に入れていってしまいました。こういう子どもは、「問題→式→答え」と思いこんでいることが多いです。どちらかというと、予習を多くしている子どもに見られるように思います。問題がでたらすぐに立式しないで、問題からイメージしたことを何かで表現しながら考える

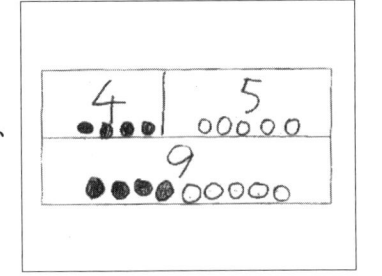

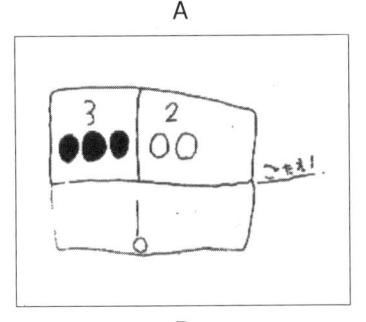

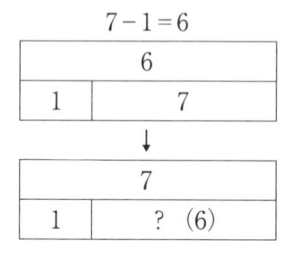

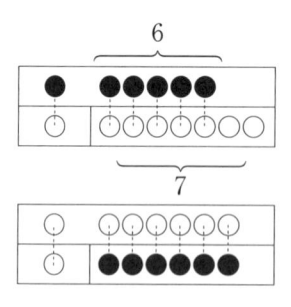

ということは、問題を中から耕していくことではないかと思いました。

「黄色い花が7本。摘まれた花が1本。のこりは何本？」という問題で、式は書けても、左上の図のようになってしまう子どもがいます。その図を見て、「ひきざんの時は、答えの「？」は、少なくなるから下の方にくるんだよ」「だって、○を書いて手つなぎさせると分かるでしょ？」と子どもたちがアドバイスし合うことができました。手つなぎすると分かるというのは、対応を理解しているからできるアドバイスです。間違ってしまった仲間に、何とか分かりやすく伝えようと努力する姿と、積極的に聞こうとしている姿が印象的でした。

（どちらが7－1＝6の図だろう？）

・6と7はどちらが大きいかを考えると（a）がおかしい。

・全部の数は7だから、7が上になる。

・たしざんの時は答えの数が大きくなるけれど、ひきざんの時の答えは小さくなるから、（a）の？はおかしい。

(a)

? (6)	
1	7

(b)

7	
1	? (6)

第4章　成功と失敗のくり返しによる学び方の獲得

(例2)
　下の図のように、式の数字をそのまま丸の図に変えた子どもがいました。これは、問題があると「まず式ありき」の考え方からくるのかもしれません。たしざんの場合はいいのですが、ひきざんの場合には問題が起こります。

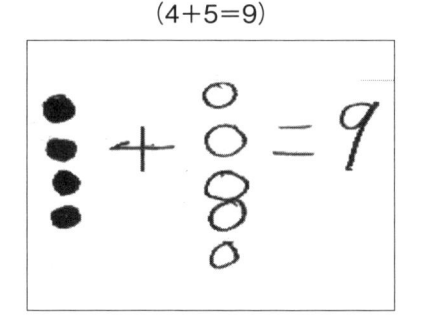

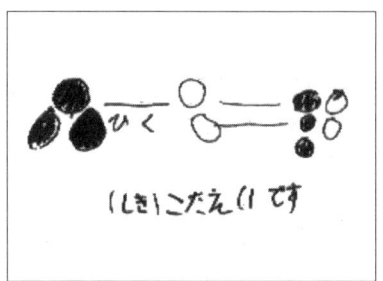

(4＋5＝9)　　　　　　　　(3－2＝1)

　Aくんが発表した3－2＝1の図を見て、「私も同じ間違いをしちゃった」と何人もの子どもが言っていました。ひきざんなのに、たしざんのように数が増えていることへの矛盾を見つけた時、子どもたちは納得できました。そして、ある子どもが「Aくんのおかげで、みんなも、きっと間違わなくてすむね」と言ったのでした。正しいことからだけではなく、間違いからも学べる1年生。自分のことからだけではなく、友達のことからも学べる1年生はとっても素敵に見えました。

〈挿し絵の解釈のつまずき〉
　次の問題は、他の学級で見つけられた間違いです。

2−1＝……

　この絵は「3−1」の絵ですが、子どもたちは「2−1」としたそうです。絵の数に数字を対応させています。一瞬、大人でも「2−1」としてしまいそうです。同じように、

3−3＝……

　これは、6人が遊んでいて3人が帰った時ののこりの人数を求める絵（6−3）だそうです。絵から受け取る解釈が違っているのです。「なくなる」という動きが入る問題の場合は、1枚絵ではなく、連続した複数の絵の提示が必要なのではないかと思います。このように、問題集や教科書に載っている図から式を求める問題では、「はじめに存在している数」を確かめてから、問題を考えるという習慣をつけるとよいと思います。

第4章　成功と失敗のくり返しによる学び方の獲得

「図を書いて考える」、「図から考える」ということは、問題からすぐに立式することより高度な内容です。絵と数字が対応しているかどうかを考える力は大事です。

〈立式におけるつまずき〉

　立式におけるつまずきも、図を書いて解釈することで解決できることが分かってきました。

(例3)

赤いきんぎょが5ひきいます。
白いきんぎょが8匹います。
ちがいはいくつ？

(式)　5－8＝3→最初にある数字から、次の数字を引くという形を当てはめて式を立てています。

　ひっかけ問題のようですが、意味を理解する上では、いい問題であると思います。数字が反対になるように作られた問題も学習の中に取り入れると、図を書いて確かめる気持ちも高まるでしょう。
　子どもは、「違いだから、くらべっこをしているんだよね」「くらべっこの時は、手をつながせるといいんだよね」とやはり図に戻って考え直していました。
　5と8を比べっこするために、次頁の丸図ができました。しかし、これは赤い金魚の数の5と、8という数字が頭にあって、もうその差

```
〔手をつながせる＝線で結ぶ〕
○○○○○
●●●●●●●●
```

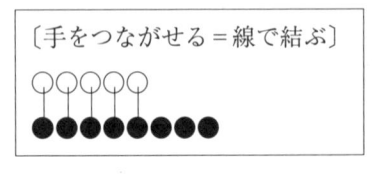

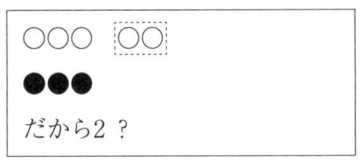

```
○○○  ○○
●●●
だから2？
```

が3と出ているのに、白丸と黒丸を合わせて全部で8にしてから、違いを考えている図でした。

つまずいている子ども一人ひとりは、それぞれ違うところで困っています。こういうつまずきを教師が紐解いていき、どうしてそのようにつまずいたのかという理由を見つけられると、人間の思考の面白さみたいなものを感じることができます。

（例4）

子どもたちは、学習を進めていく中で、数を分解して考えるとよいということも発見しました。その分解を「さくらんぼ方式」と名付け、好んで使うようになりました。しかし、何のために数字を分けるのか、目的を理解していないまま計算に使おうとしている子どももいました。

```
〔6−5＝1をさくらんぼ方式で計算する〕
    6     −     5     =     ？
    ∧            ∧
   3と3         1と4
```

このつまずきを授業で取り上げることによって、引く数に合わせて引かれる数を分解するといいということを、見つけることができました。また、何のために数を分解させるのかが、理解できました。

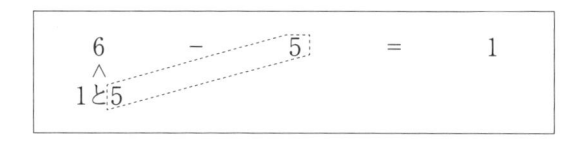

第4章　成功と失敗のくり返しによる学び方の獲得

```
   6   －   5   ＝   1
   ∧
  1と5
```

〈問題作りにおけるつまずき〉
(例5)
　「のこりはいくつ」の学習から「ちがいはいくつ」の学習に変わった時のつまずきです。問題作りをすることによって、そのつまずきが浮き彫りになりました。

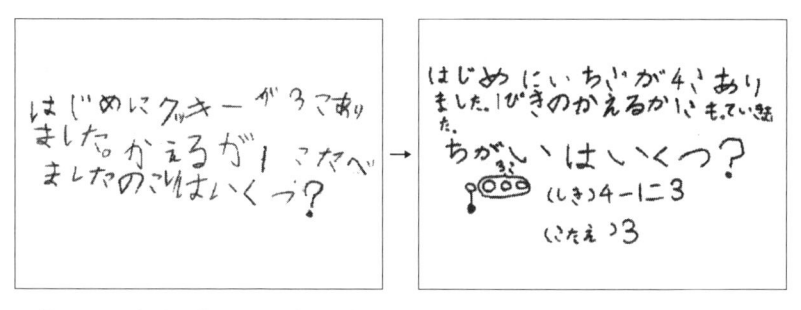

| はじめにクッキーが3つありました。かえるが1こたべました。のこりはいくつ？ | → | はじめにいちごが4こありました。1ぴきのかえるがもっていた。ちがいはいくつ？ (しき)4－1＝3 (こたえ)3 |

　「のこり」と「ちがい」を求める問題は何が異なっているのかということが明確になっていないから、出てきたつまずきです。そこで、「のこりはいくつでしょうの問題はどんな時？」という質問をしてみました。
　子どもたちは3つの場合を考えました。

①食べてなくなる時
②動いていなくなる時
③消えてなくなる時

「のこりを考える問題は、いくつかあったものが、減ったりなくなったりすることなんだよね」ということを発言して、分りやすい自分達の言葉でまとめることができました。そこで私は、「では、違いはいくつでしょうの問題はどんな時？」と発問しました。すると、次の4つの場合を上げました。

---

①くらべっこをする時
②どちらがいくつ多いか調べる時
③どちらがいくつ少ないか調べる時
④あと何個あれば同じになれるのか調べる時

　こうやって見てみると、上の②③④のように言葉が複雑になったように感じられる「求差」の問題を考える方が、難しいことが分かります。できない子どもにとってはなおさら、「算数の問題作りって難しいから苦手だ」という意識をもたせてしまうことになります。そこで、子どもの得意なことと苦手なことを、整理することからやってみました。

　「のこり」や「ちがい」のどちらの問題作りも得意という子どもは15人。「のこり」の問題作りは苦手だけど、「ちがい」の問題が苦手な子どもはいませんでした。逆に「のこり」の問題作りは得意だけど、「ちがい」の問題作りは苦手という子どもは、20人。こうやって整理した後で、「ちがいの問題だけまだよく分からないお友達がいるけれど、のこりの問題は全員OKなんだね」とのこりを求める問題作りに自信をもたせました。「あと、1つだけなんだ」と気が

楽になった様子でした。
　子どもは、下手・苦手意識が芽生えると、気持ちが重くなってくるように感じます。「できること」と「できないこと」を整理して、「あとこれだけできたらOKだ」と示してあげることも大事だと思いました。できることに自信をもたせてからだと、できないことにもチャレンジしたくなってくるようです。

(例6)

　〇＝6　●＝4全部のまるは10個あることを全員で確かめてから問題作りをします。
　このような●や〇を何かに例えた問題作りからも、様々なつまずきが見られました。たしざん・ひきざん・異種・同種などについての子どもの思考を学ぶことができました。
　同じ子どもが何度も何度も間違ったりしました。でも、その度に前の学習に戻って、前のこととの比較をしたり、似ているところを見つけたりしながら、考え直す時間を与えました。「あっ、これはさっきの問題と同じだ。種類の違うもの同士は引きっこできないから、同じ種類にしないといけないな」などと、つまずきそうになっても、前の学習内容の中から解決方法を選んでいる姿が見られました。失敗と成功はつながっているのです。

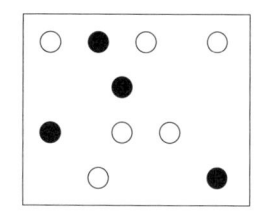

(Aさんが作った問題)
はじめにパルキアが10匹いました。

> ディアルガが6匹います。
> のこりはいくつ？

　→パルキアとディアルガは違う種類です。違う種類同士で引くことはできません。この子どもは、リンゴの数からみかんの数を引くということは、「のこり」ではなく「ちがい」になることを理解できました。

> （Bさんが作った問題）
> あめが6こありました。
> つぎに4こかってきました。
> ちがいはいくつ。

　→ちがいの時は種類をかえることを再度、指導しました。
「あめ」ではなく、どちかを黒あめにしてもう一方を白あめにすると、違いを求める問題になることをいくつかの例を出して教えました。

> 〔Cさんが作った問題）
> はじめにあめが6こありました。
> そのうちしろは4こです。
> あわせてなんこでしょう。

　→全体で取り上げた時、ほとんどの子どもは、さらっと読んで

第4章　成功と失敗のくり返しによる学び方の獲得

「問題作りは成功している」としていました、「6個あるうちの4個は白」ということは、この2つの数字はたすことができません。のこりのあめを求める問題となります。これも図を書くと解けるんじゃないかという友達のアイディアを素直に受け取り、意味を考えながら、最後の3つ目の文を直すことができました。

（Dさんが作った問題）
さいしょにかえるが6ぴきいました。
かえるを4ひき、にがしました。
ちがいはいくつでしょう。

→「にがした」ということは、「動いてなくなる」ことだと友達が発言しました。なくなることものこりを求める問題であるということを確かめました。「ちがい」の問題にしたいのなら、「動いたカエル」と「動かなかったカエル」とするとできることも話すと、そのように問題を変えられることが意外だったらしく、再挑戦する子どもの姿が見られました。

（Eさんが作った問題）
はじめにあめが6こありました。
つぎにしろいあめが4こありました。
のこりはいくつ？

→この問題からは複数の指導が必要であると考えられます。そこ

で、まずEさんに何ざんのお話にしたいのかを聞いてから、そのお話になるための手立てを考えるように指導しました。Eさんは「6」の数字を使ってひきざんにしたいと言いました。
　「6」の数字を使うなら、ただの「あめ」としないで、「黒いあめ」などとし、白と黒のちがいを求める問題になります。もしも、のこりを求める問題にしたいのならば、「はじめ〜」の一文目に出てくるあめの数を総数の10に変えなければいけません。
　たしざんにしたいのならば、二文目を「つぎにしろいあめを4こもらいました」とし、三文目は「合わせて（全部で）いくつでしょう」とすると成立します。
　授業の初めの頃の学習をここで繰り返すことによって、更に定着させることができました。どんな問題にしたいのかを子どもに聞きながら、一つひとつ階段を上らせるような問答での指導を試みました。授業の後に「頭がよくなったみたい」と笑って言った子どもの顔が可愛らしかったです。

（Fさんが作った問題）
あめが10こありました。
こーらあじが6こあります。
のこりはいくつ？

　→「のこり」を求める問題にしたいのならば、これまでの学習をいかして、食べたり、かくしたり、転がっていなくなったりする動く話をつけたすと成立します。

第4章　成功と失敗のくり返しによる学び方の獲得

　同種だとしたら「のこり」の問題になります。コーラ味とその他の違うあめという異種の問題だとしたら、「ちがい」を求めることになります。
　私は3文目についてのアドバイスをしました。その子どもは、「のこりのカルピス味のあめはいくつ」と直すことができました。異種の問題ですから、「のこり」と使うより、「あと、白いあめはいくつ」とする方がいいと思いましたが、そこのところは子どもには話しませんでした。

（Fさんが作った問題）
はじめにあめが10こあります。
あめを4こと6こにわけました。
のこりはいくつ。

→きっとこの子どもは、問題を作り始めた段階で、答えまで見通しを持てたのだと思いました。この子どもには「のこりはいくつになるの？」と質問してみました。すると、「6個」という答えが返ってきました。
　そこで、10個のあめを4個とあといくつに分けたのかという内容になる文に直せるようにするために、さくらんぼ方式で表して考える時間を与えました。
　自分はどこを□にするのかを明確にすると「ぼく、答えも教えちゃっていたんだね」と気付くことができました。

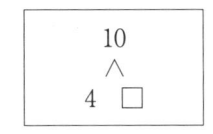

```
    10
   ∧
  4   □
```

—87—

今年、1年生を受け持つことができて、数の概念がどのように形成されるのか、図と数学的思考のつながりはどのようになっているのかという算数の土台を意識して授業ができ、たくさん学べることをありがたく思います。

第5章
思考を高めるための順序

1年生の時から、生活場面に近い内容で問題を提示する試みが大切です。そこを出発点として、具体→半具体→抽象というように思考そのものを楽しめるように育てていくことも大切なのではないでしょうか。つまり、直接的な生活場面だけでなく、学習そのものの中で力をつけていくことについても、心に留めておきたいものだと思っています。

くり上がりのたしざん・くり下がりのひきざん
～既習内容を発展させるために～

〈くり上がりのたしざん〉
　こんな問題提示から始めました。

> あめが9個ありました。2個もらいました。
> 全部でいくつになったでしょう。

　いろんな考えが出るようになって面白く感じました。
　次頁のCは線分図につながる考え方で大切な図です。DとEのそれぞれの数字に着目しながら意味をつなげて考えることができるように、説明させたり、説明した友達の真似をして説明させたり、全体に問いかけをしました。誰かの模倣をしてみることも大事です。友達の考えの続きを予想させることも試みてみました。また、DやEが念頭操作でできるようになれるまで、数字を変えて声を出させながら練習しました。

第 5 章　思考を高めるための順序

A

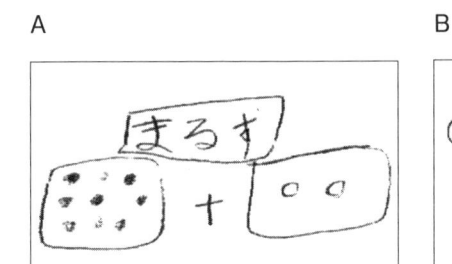

B

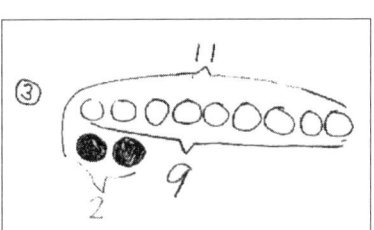

C

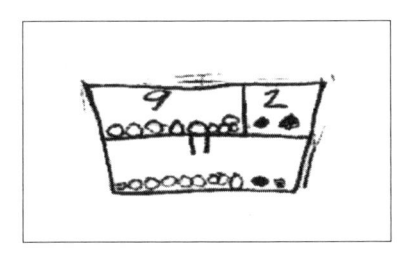

D

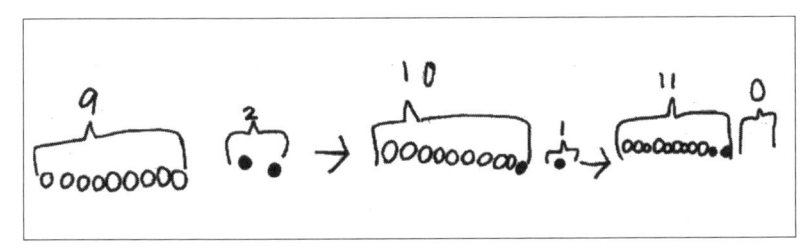

E

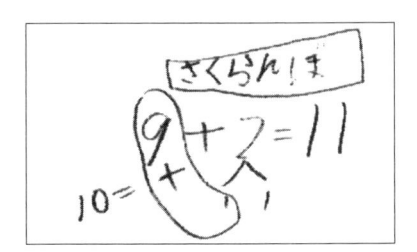

〈くり下がりのひきざん〉

　くり下がりの1時間目の学習をしたあと、くり下がりのひきざんで使う数の意味と、算数の歴史について考えさせられ、子どもの試行段階についても見直しをしなくてはいけないことに気付きました。

　私は、まず1時間目の授業を始める前に、どんな数字を使うと、くり下がりの入り口にスムーズに子どもが立てるのかということを第一に考えました。「ひく時に難儀をしなくていい数」「10のまとまりを少しだけくずせる数」ということが頭の中にうかびました。そこで教科書とは違いましたが、「12」と「3」の数を選びました。もちろん、問題は数字のみだけでなく、具体的に考えられるように食べ物についての問題を提示しました。

　子どもたちが考えたやり方は次の5つでした。

①数え引きをして考える。
　　○を12こ書いて、後から3つ消す。
　　○○○○○○○○○⊗⊗⊗

②お菓子箱につめて考える。
　　（お菓子は10個きれいに詰められている）
　　10のまとまりをなるべく崩さないようにして考える。

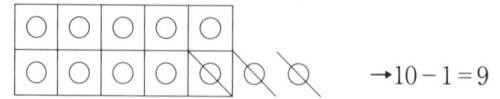

　　→10－1＝9

③式を変身させて考える……どちらの数字も分解する。
　　12　－　3　＝　9
　　∧　　　　∧
　　10 2　　2 1
　　＊2と2を消す。10－1＝9

④まず前の数を分解して、式を変身させる。

　12　－　③　＝　9　　「まえわけへんしん」
　∧　　　　　　　　　　と子どもたちは名付けました。
　2 ⑩

　＊太枠の10－3をする。10のひきざんは既習内容ですので、すぐにできました。

　10－3＝7この7と残っている2をたすと、7＋2＝9子どもによっては、既習である3つの数の式に直した表現もありました。

　→10－3＋2＝9

⑤まず後ろの数を分解して、式を変身させる。

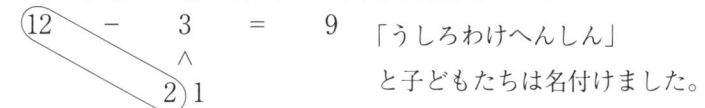

　⑫　－　3　＝　9　　「うしろわけへんしん」
　　　　　　∧　　　　　　と子どもたちは名付けました。
　　　　　②1

　＊太枠の12－2をします。同じ数が1の位にある時は消すと10に戻ることは既習の内容ですので、12－2＝10と簡単に出すことができました。あともう「1」を引けばいいので、10－1＝9

　子どもによっては、既習である3つの数の式に直した表現もありました。

　→12－2－1＝9

　子どもたちは「どれも前に習った学習がまた出てきている」「10のまとまりがまた使われている」と発言しました。子どもたちが一番やりやすい・分かりやすいと選んだのは、引いてからたすという2段階の作業が必要となる④のやり方でした。33人がこのやり方がいいと手を挙げたのは意外でした。むしろ、引いて引いてと「ひ

く」ことに集中できる⑤の方が、分かりやすいのではないかと予想していたからです。①に1人、②に1人が手を挙げました。私は①に手を挙げた子どもの考え方の幅を広げる目的で、次のやり方を子どもたちに紹介しました。

　（教師）ひき・ひき・ひき・ひき……のやり方
　ひかれる数字、引く数字を1ずつ小さくしていき、式を変えるやり方。

　12－3＝9
　11－2＝9
　10－1＝9

　9－0＝9　→こんなふうに式を変えたら簡単に求められるでしょう！

　このやり方を提示することで、①を選んだ子どもも式を変形させることに興味をもつのではないかと思いました。しかし、「12が11になって、11が10になって、どうして、1ずつ小さくしていくのかな？」と、1ずつ小さくしていく必然性（？）に疑問をもっているようでした。私は具体的な問題からかけ離れた数字の上での形式的な式変形を提示してしまったことに気付きました。1年生では、形式的な式変形は算数の式に興味をもつどころか、混乱を招いてしまうだけでした。

　特に①にこだわってしまう子どもの思考を高めるとすれば、②→⑤→④の順で習得させるのがベストではないでしょうか。下がりのひきざんをするにあたって、つまずく子どもは次のⅠ～Ⅴの既習内容が習得されていないことに気付きました。くり下がりのひきざん

の学習に入る前に復習をしておくといいことは、次の5つでした。

> Ⅰ．10のまとまりの大切さを実感させる学習をする。
> Ⅱ．12を10といくつというように、10と□に分ける練習をする。
> Ⅲ．10－□の計算の答えが出てくるように訓練的な練習をしておく。
> Ⅳ．11－1　12－2　13－3……といった答えが10になるひきざんの練習をする。
> Ⅴ．3つの数の計算の練習をする。

〈数字の効果的な使い方と算数の歴史〉

　川嶋環先生にこの授業の内容を電話で伝えました。自分ではよいと思って選んだ「12－3」の式は、くり下がりの1時間目としては、ふさわしくない式であることが分かりました。

　教科書では、「12－9」が1時間目になっています。川嶋先生は、「9」という数字を用いることで、「10」の数字から「9」を引こうとする思考につながるとおっしゃいました。「12－3」では、「10」のまとまりから引く思考にはつながりにくいということでした。おそらく、私の学級の子どもの何人かは塾や保護者の方からすでに学習済みなのでしょう。そんなことを感じることなく授業をしてしまいました。川嶋先生は、くり下がりの1時間目としては、「12－9」がよりよいと話してくださいました。そして、川嶋先生は、問題で使う具体として「お金」がいいと話されました。10進法を自然に考えられ、また、10を崩して考えるというやり方に直接的につながるか

らです。また、私の学級の子どもたちは④の減加法がやりやすいと選んでいましたが、原始的な発想からすれば、⑤の減減法が先だということです。数え引きがあり、減減法が見つけられ、減加法というより合理的なやり方が生まれたということです。そして、この減加法の考えが「筆算」「そろばん」に進化していったという歴史があるのだそうです。このような数字の効果、算数の歴史を知った上で授業をしていたら、子どもの考え方をどう取り上げるかやその順序についてもっと慎重になれていたと反省しています。子どもに満足してもらえるような授業には、まだまだたどり着けていないように思います。

少し長いあとがき―――――――――――川嶋　環

算数科1年生の基礎基本
― 数の世界 ―

　この実践は、記録にもあるように基本を積み上げ、その力が活用できる授業を紹介しています。
　では、1年生の算数科の基礎基本とは何でしょうか。考えみましょう。

1. 1ってなあに？
　人間（1人）　犬（1匹）　お菓子（1こ）　長さ（1cm、1m）　重さ（1g、1kg）……というように、子どもたちの身のまわりの1は、すべて名称がついています。具体的なのです。ところが数字の1はそのすべてを統括した抽象なのです。人間でも犬でもお菓子でも1つの個体を表すのが数字の1なのです。1年生の子どもにとっては理解が困難なところです。エジソンが小学校に入学して、1＋1＝2を教わったとき、どうして、どういうことと、しきりに先生に聞き、困らせたというエピソードがあります。

　　人間1人と1人あわせて　　1人＋1人＝2人
　　犬1匹と1匹あわせて　　　1匹＋1匹＝2匹
なら具体物を使って、子どもに理解できるでしょうが、抽象数の

1+1=2 のうらにはたくさんの現象が含まれています。子どもにとってこの広がりを理解するのは困難なことでしょう。ところが今の教科書では、式は名数を使わず、数字のみの 1+1=2 になっています。

だから、ゾウ1頭とアリ1匹をたす問題を作ったりしてしまいます。先生は「ゾウとアリ（異質のもの）はたせないのよ」などと指導します。確かにそのとおりですが、数学上から言ったら、1+1=2 となるのです。これが数学の世界（抽象）です。いつかはここまでもっていくのですが、いつごろ、どのようにということは、大きな課題です。

これは私の個人的な考えですが、1年生では、まだまだ式に名前をつけ、式のうらにはそれぞれ具体的な現象があることを理解させたいと思っています。

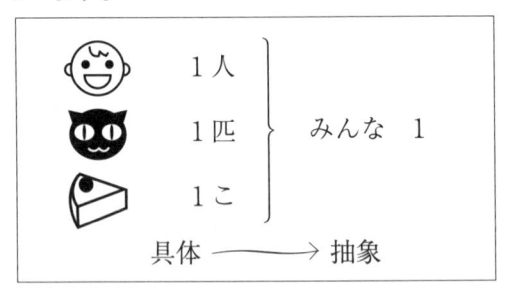

```
  😊   1人 ┐
  🐈   1匹 ├ みんな 1
  🍰   1こ ┘
       具体 ──→ 抽象
```

2. 10円玉1こと1円玉10こと、どっちが大きい？
　　（位どりの大切さ）

　5歳児に10円玉1こと、1円玉10こを並べて、どっちがほしい？と聞くと、ほとんどの子どもが1円玉10こを取ります。これは見た目に1円玉10この方が多いからです。位どりが分かっていないのです。

少し長いあとがき

　人類の歴史を考えても、2進法、20進法、5進法、60進法、さまざまあり、なかでも10進法ほど便利なものはありません。

　椎名さんは、第1章のはじめに10の補数ということで、ゲームをとおして10の構成を確実に子どものものにしています。このことは、これから学ぶ、くり上がりのたし算の時に役立つことでしょう。

　しかも授業方法から考えても、子どもの多様なやり方を出させ、それをつなげながら1つの法則にもっていったところは、みごとです。入学したばかりの子どもでもできるんですね。

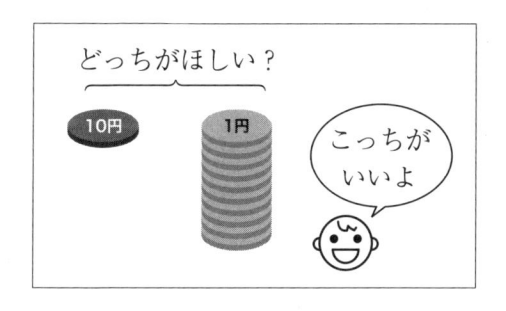

3. くり上がりのあるたし算

　くり上がりのないたし算（ex.　3こ＋2こ＝5こ　7こ＋2こ＝9こ　7こ＋2こ＝9こ）は子どもたちにとって簡単です。なぜなら手の指が10本あるからです。ところが、くり上がりになると、そうはいきません。指がたらないのです。では子どもたちは、どんなふうにやるでしょうか。

> 問題
> リンゴ（具体物）が8こあります。もう1つの箱にはリンゴが3こ入っています。合わせて（or いっしょにすると）何個になりますか。

（しき）　8+3=11

a)　先生、指貸して！　先生に1本借りて11 or 先生に3本借りて数えて11。
　　同じように、自分の足の指を使う子もいる。

b)　8と9、10、11、と数える。

c)　頭の中に8を入れて頭をたたきながら9、10、11、と数えていく。

d)　絵や〇図に書いて11とする。

　以上のようなかぞえ主義が自然の発達段階ですが、このままでは算数科ではありません。10進法、即ち、くり上がりの合理、法則性を理解させることです。

$$8+2=10$$
$$10+1=11$$ というように

"10のかたまりにしていくことは、なんと、便利なんだろう、どんな場合でも使えるよ"ということを子どもたちに実感させることです。ここが教師の指導の場面です。それにはどうしたらよいでしょう。

ここで椎名さんの実践の10の構成が大切になってきます。

お金（10円と1円玉）を使うと分かる子どもが多いようです。

また、このとき、

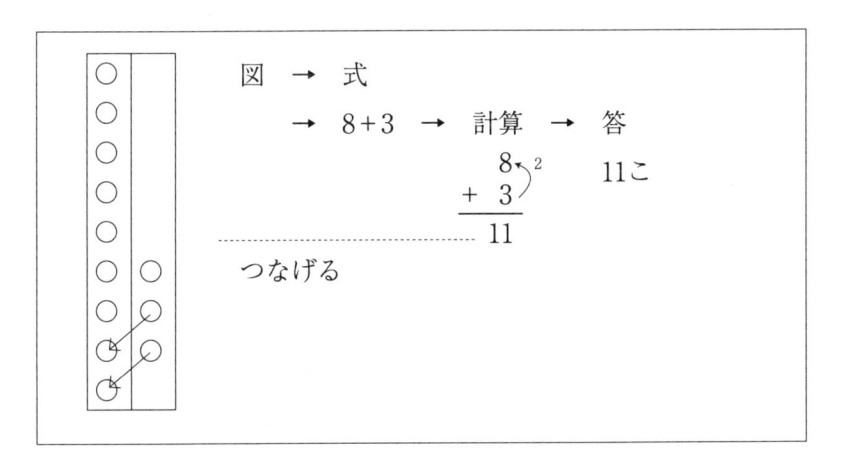

```
図 → 式
  → 8＋3 → 計算 → 答
              8  2     11こ
            ＋ 3
            ─────
             11
    つなげる
```

も、おさえておきましょう。これから文章題を解く原則の基になります。

4. ひき算

ひき算には、求残、求差、求補があります。この3つの現象のち

がいをしっかりおさえ、そのどれも、ひき算を使うことを理解させましょう。(8-3の式には3つの意味があるということ)

　子どもたちが日常多くふれるのは、求残の場面ですから、これは容易に理解できます。求差となると、少し困難です。なぜなら、どちらがどれだけ多いという比較はむずかしいものです。年の差などになると、具体的な物でないので、なかなか理解してくれません。求補になったらなおさらです。これは子どもの数と椅子の数などだと分かりやすいようです。

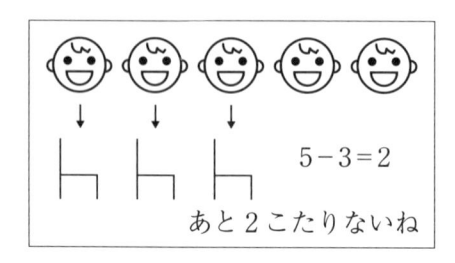

$5-3=2$

あと2こたりないね

　ひき算の意味もさることながら、子どもたちのいちばんひっかるところは、くり下がりのひき算の計算の仕方です。
　では、子どもたちは、どんなふうに引くか考えてみましょう。

問題
おかしが13こあります。ともだちに7こあげました。
のこりはいくつでしょう。

　子どもたちは立式はすぐできます。(のこりはだからひき算)
$13-7=$

ところが、なかなか答えが出てこないのです。

子どもの計算のやり方

a) 〇〇〇 →足の指を使うこともある

b) 123 頭の中に13こおいて
指から7をひき数えなおす

c) 〇〇〇〇〇〇〇〇〇〇⊘⊘⊘　図にかく

d) ⊘⊘⊘⊘⊘⊘⊘〇〇〇〇〇〇

e) 〇〇〇〇〇〇〇⊘⊘⊘　　　dとf ⎫
　　⊘⊘⊘　　　　　　　　　cとe ⎬ が同じ

f) ⊘⊘⊘⊘⊘⊘⊘〇〇〇　e、fは、10の位どりを考えてい
　　〇〇〇　　　　　　　るだけ進歩はしている。

g) 7−3=4　　10−4=6　→　減減法に発展する。

h) 10−7=3　　3+3=6　→　減加法に発展する。

このように考える子どもたちを、私たち教師は、

減減法　13−7　　　　7は3と4	減加法
∧　　　13−3=10	13−7　　10−7−3
4　3　　10−4=6	3+3=6

このようにどの場合にも使える合理的な方法へ授業の中で導いていかなくてはなりません。
　特に減加法は、合理的でこれだけ知っていればどんな場合でも使える法則性を持っているのです。
　子どもたちは、13－9は、9は10に近いのでほとんどの子が10－9＝1　1＋3＝4　とやります。
　また、15－7などは、7＝5と2　$\begin{array}{l}5-5=0\\10-2=2\end{array}$　というように5を単位と考えてやります。
　また、13－7＝6の答えをインプットした子は　13－6＝－6は、－7より1つ引く数が少ないから6より1つ多い7と出したりします。
　そのようにやっている子に減加法を教えても、なかなか使ってくれません。"ときと場合によって使いわけるんだよ"と言うのです。こんな子に「減加法ってすごいね。どんな場合でも、これ一つで計算できちゃうんだ」と、よろこんで使ってくれるようにするのには、どうしたらよいでしょうか。
　はじめから頭ごなしに減加法を教えてしまったら、せっかくの子どもの頭をせばめてしまうし、そうかといって、そのままにしておいたのでは、算数の合理を伝えられないし、授業のどこで、どのようにやったらよいのか、今でも私の課題です。
　あとは計算は練習で定着するものです。ここで、第1章の10の構成が大事になってくるわけです。

少し長いあとがき

```
9と1  →  13-9
8と2  →  13-8
7と3  →  13-7
6と4  →  13-6
5と5  →  13-5
```

```
9といったら1
8といったら2
………………
は、子どもに暗記させる。
```

　椎名さんの実践は、この基礎基本をふまえた上で、現実の生活の中で子どもたちが、どう、理解し、どう自分のものにし、どう発展させていくかを提起した記録です。こうすることによって、子どもたちの頭は、より柔軟になり、応用力がついていくものと信じています。

　現代に求められている真の学力かも知れません。ぜひ、教室で確かめてみてください。

〈著者紹介〉
椎名美穂子（しいな・みほこ）
1968年秋田市生まれ。秋田大学教育文化学部卒業。
本荘市立新山小学校・鹿角市立花輪小学校を経て、現在、秋田大学教育文化学部附属小学校教諭。
主な著作には『算数から数学の世界へ―小学校6年の飛躍―』（一莖書房）、主な執筆には、『体験学習・体験活動の効果的な進め方』（教育開発研究所）がある。

一年生の算数って楽しいよ ―基礎基本から発展へ―

2008年6月20日　初版発行

著　者　椎名美穂子
発行者　斎藤草子
発行所　一莖書房

〒173-0001　東京都板橋区本町37-1
電話 03-3962-1354
FAX 03-3962-4310

組版／四月社　印刷・製本／モリモト印刷　ISBN978-4-87074-153-9 C3037

算数から数学の世界へ

― 小学校6年の飛躍

椎名美穂子 〈授業者〉

川嶋 環 〈コメント〉

子どもの考えをつなげながら一つの法則に高めた5月から11月までの半年間の授業記録。授業者椎名先生と川嶋環先生が電話やファックスでコメントを受けながらの記録。6年生は5月から分数の学習に入ります。即参考にできる書。 Ａ5判・並製 定価:2200円+税